中国少数民族人口丛书

普米族

翟振武 主编

熊德鼎 胡文明/编著

中国人口出版社
China Population Publishing House
全国百佳出版单位

图书在版编目（CIP）数据

普米族/熊德鼎，胡文明编著．—北京：中国人口出版社，2012.12（2022.7重印）
（中国少数民族人口丛书）
ISBN 978-7-5101-1579-0

Ⅰ.①普… Ⅱ.①熊… ②胡… Ⅲ.①普米族—民族文化—中国 Ⅳ.①K286.6

中国版本图书馆 CIP 数据核字（2013）第 013296 号

中国少数民族人口丛书　普米族
ZHONGGUO SHAOSHU MINZU RENKOU CONGSHU　PUMIZU

翟振武　主编　熊德鼎　胡文明　编著

责任编辑　曾迎新
美术编辑　刘海刚
责任印制　林　鑫　王艳如
出版发行　中国人口出版社
印　　刷　北京兴星伟业印刷有限公司
开　　本　710 毫米 ×1000 毫米　1/16
印　　张　11.25　插 1
字　　数　156 千字
版　　次　2012 年 12 月第 1 版
印　　次　2022 年 7 月第 2 次印刷
书　　号　ISBN 978-7-5101-1579-0
定　　价　45.00 元

网　　址　www.rkcbs.com.cn
电子信箱　rkcbs@126.com
总编室电话　(010) 83519392
发行部电话　(010) 83510481
传　　真　(010) 83538190
地　　址　北京市西城区广安门南街 80 号中加大厦
邮　　编　100054

中国少数民族人口丛书编委会

序

如果把一个民族比作一颗星星，那我们就是生活在一个繁星满天的世界。当今世界上有约3000个民族，分布在200多个国家和地区，绝大多数国家由多个民族组成。中国也是同样，是由各族人民共同缔造的统一的多民族国家。在漫漫的历史长河中，生活在中华大地上的各族人民密切往来、交流融合、团结奋斗、休戚与共，形成了一个伟大的强盛的中华民族大家庭，共同开发了祖国的美好河山，共同推动了国家的发展和社会的进步。

在中华民族的大家庭中，有56个成员，其中有55个是少数民族。新中国成立以来，少数民族人口一直持续增长。1953年第一次全国人口普查时，少数民族人口总数为3532万人，占全国总人口的6.1%。2010年进行第六次全国人口普查时，少数民族人口总量达到了1.14亿，几乎是1953年的3倍，占到了全国13.4亿人口的8.5%。各少数民族人口数量相差较大，如壮族有1693万人，回族1059万人，满族1039万人，维吾尔族1007万人，而赫哲族只有5354人，塔塔尔族3556人，独龙族6930人。中国各民族的人口分布呈现大散居、小聚居、交错杂居的特点。汉族地区有少数民族聚居，少数民族地区也有汉族居住；许多少数民族既有一块或几块聚居区，又散居全国各地。中国少数民族聚居区大都地广人稀，资源富集。少数民族地区的草原面积，森林和水力资源蕴藏量，以及天然气等基础储量，均超过或接近全国的一半。全国2.2万多公里陆地边界线中的1.9万公里在民族地区。全国的国家级自然保护区面积中民族地区占到85%以上，是国家的重要生态屏障。中国各民族的起源和经济、社会、文化的发展有着本土性、多元性、多样性的特点，五彩缤纷，丰富多彩。

要全面认识中华民族，就要从认识每一个民族开始。正是从这个理念出发，我们编写了这套《中国少数民族人口》大型系列丛书，力图从历史、文化、经济、社会等各个方面，用准确、科学、生动的语言，全方位描述和展现各少数民族灿烂辉煌的历史和现状，编织出一幅绚丽多彩的中华民族大家庭的“全家福”。

编写这样一套大型系列丛书，难度非同一般。几经论证和深入研讨，最终形成了编写大纲，这套丛书各个分卷的作者绝大多数由少数民族作家担任，他们不仅熟悉自己民族的历史和文化，而且对本民族有深厚的感情。在国家新闻出版总署、国家人口计生委和中国人口出版社的大力支持下，作者们历经数年，几易其稿，终成此书。值此丛书出版之际，我们衷心地祈愿这幅“全家福”能为民族的交流和团结，为中国的文化建设，为整个中华民族的繁荣昌盛，作出一份微薄的贡献。

翟振武

2012年5月于北京

PREFACE

Every nationality sparkles like a star in the firmament. Now we have about 3000 stars distributed across the world in more than 200 countries, most of which are multinational. So is China, which consists of a number of nationalities. For centuries, all the nationalities have lived together, worked together and fought together, making China a prosperous unified multinational country.

Of all the 56 nationalities in China, 55 are minorities whose population has been increasing since the founding of The People's Republic of China. According to the first census in 1953, the minority population was about 35. 32 million, accounting for 6. 1 percent of China's total population. By 2010, the number had almost tripled. According to the sixth census, the population of the minorities amounted to 114 million, making up 8. 5 percent of the 1. 34 billion people in China. The population size of minority groups varies a lot. Some of them have a large population, for example, the Zhuang Nationality has a population of 16. 93 million; the Hui has 10. 59 million people and the Manchu consists of 10. 39 million people. Some of the minorities are quite small, such as the Hezhe, the Tatar and the Drung nationalities, which have populations of 5354, 3556 and 6930, respectively. China's nationalities live together over vast areas with some living in individual, concentrated communities in small areas.

Some minorities'concentrated communities are scattered among the Hans, and some Han people also live in the minority communities. Some minorities may have one or more concentrated communities, while their people spread all over the country. Most minorities'concentrated communities have their people sparsely distributed in large areas with abundant resources. The grassland, forest, water and natural gas reserves in areas inhabited by minority people account for about half of China's total. Further, 19 000 kilometers of the nation's 22 000-kilometer land boundary are in minorities'communities. In addition, 85 percent of the country's state-level natural reserves are in the minority areas, making the people important guardians of China's ecology. Each of the nationalities'origin is unique, and their development of economy, society and culture is full of variety.

Only by learning every aspect of the minorities'lifestyle can we have a comprehensive understanding of the Chinese nation. Under this notion, we write this series of books on the Population of China's Minorities to provide a detailed picture of our Chinese nation, with the glorious past and prosperous present of the country's minorities.

It is through trials and tribulations that we write this spectacular series of books. Most of the authors, who have profound knowledge of the minorities and wrote the books with their strong emotions, are members of minority groups. With the great support of the National Publication Foundation, the National Population and Family Planning Commission and China Population Publishing House, the authors completed the books after years of unremitting endeavor.

On the publication of this series of books, we are looking forward to seeing these books contribute to the unity of the Chinese nation and help our country flourish in the future.

Zhenwu Zhai
Beijing
May 2012

目录

Contents

综　述

“普米”系该民族自称，普米族史称“西番”，又名“巴苴”。因各地语音上的差异，自称“培米”、“平米”“批米”等。“米”意为人，“培”、“平”、“批”是一音之转，都是“白”的意思，即普米的含义为“白人”或“好人”。这一名称的由来有两层含义：其一，普米先民视诚信、善良为民族的基本价值观；其二，与民族的宗教图腾和审美心理关系密切，普米人自古以“白”为善、为美。

周围民族对“普米”称呼不一，汉族和白族称为“西番”、藏族称“巴”、纳西族称“博”或“巴”、彝族称“俄作”、傈僳族称“流流帕”等，1961年民族识别时，遵循“名从主人”的命名原则，国务院正式确认“普米”作为该族名称。

普米族主要居住在横断山脉南段山谷地带，分布在云南省西北部怒江傈僳族自治州的兰坪白族普米族自治县，丽江市的宁蒗彝族自治县、玉龙纳西族自治县、永胜县和迪庆藏族自治州维西傈僳族自治县、香格里拉县等地，四川省凉山彝族自治州的木里藏族自治县、盐源县、甘孜藏族自治州的九龙县也有普米藏族分布。据2010年第六次全国人口普查，普米族总人口42 043人。

据该民族传说及历史记载，普米族先民远古时代住在青藏高原甘青一带，后沿金沙江、雅砻江之间的谷地，逐渐向南迁徙到温暖低湿的川、滇边境地区，逐水草丰茂地而居，曾在四川大渡河两岸及雅砻江流域形成号称“百余国，户百三十万，人口六百万以上”的白狼槃木等氏族部落联盟。唐、宋时，受吐蕃统治。宋末元初，忽必烈取滇，西番善战，部分精锐被充当先锋，“革囊渡江”，因征战有功，封以关塞关卡及大量土地、森林等资源，遂使普米族进入滇西北，在水草丰茂的大小凉山、老君山和雪邦山定居下来，逐渐形成大分散、小聚居的分布格局。应该说，他们为开发祖国西南边疆作出了自己应有的贡献。

普米族是一个具有鲜明特色的民族。在漫长的历史中，普米族创造了别具一格的民族文化，这些优秀的传统文化今天仍然被继承着，在普米族精神世界中光耀四野。

历史上，由于阶级压迫和民族冲突，普米族从兴盛走向衰败，几乎濒临灭绝。1953 年第一次全国人口普查时，普米族仅有 12 458 人。在此生死存亡之秋，是共产党使普米族获得了新生，1949 年 5 月，普米族聚居地区飘起了五星红旗，普米族人民喜出望外地扑进了共产党的怀抱。从此，党把阳光雨露洒在了曾经多次漂泊的普米族身上，把关怀与体贴送到了满腹酸苦的普米人民心上。半个世纪以来，普米族地区和普米族人民在政治、经济、文化上充分享受到了祖国大家庭的温暖。他们放声歌唱道：“比贡嘎山、牦牛山、玉龙山、老君山、雪邦山还高，比雅砻江、金沙江、澜沧江、怒江还长，共产党和毛主席的恩情啊，普米人世世代代不能忘。”

20 世纪，对于普米族地区和普米族来说，简直是一个梦。几百年的阶级剥削、阶级压迫和民族歧视，在这个世纪的后半期一下子消失得无影无踪。民族干部、专业人才队伍从无到有，现代工业从小到大，教育、科技、文化、卫生各项社会事业齐头并进，丰富多彩的民间文

化得到进一步的发掘和保护，具有浓郁民族特色的普米族诗歌、音乐、艺术、舞蹈走出了民间，走上了舞台，走向了世界。过去风餐露宿于树穴岩洞之下，几代人挤在冬冷夏热的木楞房里，如今住上了砖瓦楼房；过去打黑帕布头，用麻布毛毡裹身，如今西装革履；过去得了病缺医少药，只有“杀牲祭鬼”，如今中医、西医医院比比皆是；过去靠口弦或口哨传递信息，如今电话直拨海内外；过去“对面说话听得见，相见要走一天路”的普米山寨，如今公路四通八达，汽车绕着山寨转；过去祖祖辈辈靠松明火把照明，如今白天黑夜一样亮。普米族地区变得一天比一天繁荣，一天比一天富裕，一天比一天美丽。

普米族村落 （曹文山摄）

普米族从青藏高原迁徙到西南边疆，已有七个多世纪的历史，为什么只有在20世纪以来，才发生如此翻天覆地的变化和惊人的进步？这是中国共产党的领导和社会主义制度的实施，以及民族区域自治的全面贯彻和全国各族人民团结互助的结果。

展望前程，21世纪第二个十年已经来到，我们已经站在一个新的历史起点上。应该看到，普米族及普米族地区发展过程中，还存在不少难点和焦点问题，主要是相当一部分群众尚未摆脱贫困，普米族人口和干部的比例尚有差距，人才综合素质亟待提高，普米族地区医疗卫生、交通运输、通信、文化设施等各种基础设施建设急需加强，优秀的传统文化亟待保护传承，生态环境亟待保护治理。这就要求我们一定要认识困难，正视困难，在不断克服困难中开辟前进的道路。

还应看到，党的十七届五中全会描绘了我国未来 5 年经济社会发展的宏伟蓝图，普米族与全国各族人民一道迎来了又一次历史机遇期。有理由相信，在党中央、国务院的领导下，在各兄弟民族一如既往的扶持帮助下，普米山寨一定会前程似锦。深藏在横断山脉雪域大江怀抱中的普米人，我们为你骄傲，因为党的阳光照亮了大家的心！

第一章

氐羌南迁话普米

第一节　神话传说中的历史

在遥远的中国西南边陲——横断山脉的一个角落，在重重高山、浩浩大江所环抱的边邑——滇川藏接壤交界的土地上，世世代代生活着一个自称“普米”的山地民族。普米族来自何方？普米先民是什么模样？像世界上许多民族一样，普米族历史的童年从神话传说中走来。

一、创世古歌

对于一个没有成文史的民族来说，民间史诗是承载其历史信息的重要手段之一。这不仅仅是因为史诗隐隐展现出该民族的历史演变轨迹，成为弥补历史残缺的珍贵资料，还在于其内容与情节的背后隐射着先民们的思想观念。

普米族古歌大多在民俗活动，如婚丧仪式、亲友聚会、民间节日中演唱。演唱者多为老年人、祭司、歌手等。普米族古歌——《“直呆木喃”创世纪》就是富含普米族远古历史信息的鲜明例证之一。

远古时候，没有天、没有地、没有生、没有死，到处是滔滔的洪水。不知过了多少世纪，水底生长出一只大青蛙，青蛙用力一吸，吸干了所有洪水。从此，地上才渐渐有了天，有了地，有了日月星辰和春秋四季。

又过了多少世纪，太阳和月亮的儿子用心开山，开天九方。米旺的儿子出力辟地，辟地八方，天地成型。可天神看到地上荒无人烟，就往地上撒了一把种子，从此，在地上有了人，有了万物，有了生命。

……

这一创世史诗通过丰富奇妙的想象，生动地反映了普米族先民对天地、万物及人类起源的解释和他们艰苦奋斗开创人类文明的历程。显然，这首《“直呆木喃”创世纪》古歌的原型，是以其上古先民茹毛饮血的洪荒时代，发展至中古时代各社会生活的历史素材所构成的。透过它，我们可以在一定程度上了解到普米先民远古社会生活之诸多方面。

二、洪水神话

普米族的创世纪与洪水传说是连成一体的。普米族中广泛流传着有关创世的神话——人仙相配的故事。

很久很久以前，世上的三兄弟开荒种地，建设家园，但当天开垦好的土地第二天又还原了，如此往复，三弟兄大惑不解，于是相约夜晚守候在地边弄个明白。

夜半时分，从林中跳出一只青蛙，青蛙在开垦出的地里跳了三下，土地便恢复原状。青蛙往地上一蹭，变成了白胡子老头，对老三说：“三天后洪水滔天，万物无处逃生。”接着又告诉他逃生的办法：老大用麻绳把自己拴在大树根部，老二拴在大树中间，老三用牛皮口袋装上狗和石头，爬上通天大树的树梢，钻进牛皮口袋，听到石头落地的声音就可以出来了。

三兄弟按照老头的吩咐做完准备后，滔天的巨浪猛烈撞击着大树，老大、老二瞬间被洪水吞噬，老三躲在牛皮口袋里，听到波涛渐渐平静下来，他取出石头往下扔，从很远的地方传来石头撞击土地的声音，洪水快退完了。老三把狗扔下去，随着狗的叫声，洪水很快退走，被洪水泡软了的大地立刻变成高山峡谷和平川坝子，老三从口袋里钻出来，慢慢爬下树来到地上。

孤独的老三在洪水滔天后的大地上四处游荡。有一天，他走进深山峡谷，被住在岩洞里的妖怪一口吞进肚里。万幸的是，这一切被正在给妖怪推磨的青蛙看到了，青蛙忧伤地对妖怪说："我的外甥来看我，却被你吃了，你不吐出我的外甥，我再也不给你干活了。"妖怪不愿吐出肚里的美食，于是青蛙走了，妖怪没有吃的了，只得按青蛙的要求把老三吐出来，但老三的耳朵却残缺不全了。

青蛙把老三送出岩洞，指点老三：往高山之巅走，那里才是神仙居住的地方，神仙会帮助你。死里逃生的老三对青蛙感激不尽，说："世上最大不过舅舅，永远不得罪舅舅。"老三的后代从此牢记青蛙的恩情，尊称青蛙为"阿构巴丁"。

老三记住青蛙的话往高处走，青烟缭绕处有一间木房，老三进去一看是一户人家，由于过度劳顿，老三蜷缩在火铺下面睡着了，猛然间醒来一看，旁边有三个美丽的姑娘正凝视着他。

姑娘们问他是谁并让他出来。老三说："我赤身裸体，不好出来。"三姐妹一听，丢下一匹麻布，每个人吹口气，麻布分别变成了衣服、包头帕、鞋子和绑腿，老三穿戴齐整钻了出来，好一个英俊高大的小伙子。

三姐妹介绍说她们是天神木多丁巴的女儿，洪水滔天后地上只剩下妖魔鬼怪，天神派她们到人间斩妖灭魔。于是三姐妹教老三学习射箭，不久，老三的射箭技术达到百步穿杨、一箭封喉的程度。决战的时刻到了，老三在三姐妹的助阵下，射死了黑海恶魔，扫除了人间妖孽，和平重返人间。

三姐妹为了报答老三，都愿意做老三的妻子，对老三说："你站在山口上，我们从你面前跑过，你喜欢谁由你选择。"老三爬上高高的山垭口，首先奔来一只老虎，老三吓得魂飞魄散，过会儿又跑来一只豺子，老三亦不敢动，最后爬过来一条大蟒蛇，老三想再不碰就没有姻缘了，只得硬着头皮用弓弩碰了一下蟒蛇，蟒蛇马上变成美丽的三姑娘，于是，凡人老三与仙女三姑娘成了一家。

老三与三姑娘从此辛勤耕作，后来生了女儿索拉耳吉。索拉耳吉13岁时，要举行穿裙子仪式，按规矩要去娘家报喜，但老三和女儿是凡人去不了天上，只有三姑娘独自一人去了。

天上一日，人间数年，三姑娘走后几年不归，老三带着女儿缺衣少食、艰难度日，为了寻找谷种，老三带上狗跋山涉水来到东方的汪洋大海边，浩瀚的大海彼岸居住有神仙，也有谷种。但老三游不过去，只能拜托狗去对岸取种。

狗游到对岸，身上的毛全湿透了，在谷堆上打了几个滚，全身沾满了谷子，奋力游回，上岸后只有脊背毛里剩下几粒谷种，老三高兴极了，回家撒下了种子，到了秋天，终于有了收获，他不忘记狗的恩情，从此新谷收获后首先要喂狗，普米族敬狗的风俗从此兴起。

这个情节曲折、故事完整的古老神话虽然经过后世一再加工，但仍然包含了许多有价值的资料。故事突出的情节是"天仙配"，这反映的是氏族外婚制；三个仙女变为三种动物，是母系氏族图腾物的化身；至于男主人翁居于故事的主导地位，以及把老三塑造成斩妖除怪的英雄人物等情节，透露出普米族的这个创世故事完成于父权制的早期。但它也保留了对母系的尊重，把人类的始祖母——三姑娘塑造成善良和智慧的化身等。对"阿构巴丁"——青蛙舅舅的尊重也与母系制直

接关联。舅权在普米族中相当突出，舅甥关系被视为最神圣的关系。因而可以得出这样的认识：普米族的神话虽是有关开天辟地的故事，但它包含着对血缘婚和氏族外婚制的叙述，并且突出了男性英雄人物的形象。其时代的跨度包含母系制和父系制两个历史时期。

三、传说中的毛人时代

在普米族的民间传说里，对于远古的原始生活也留下了朦胧的记忆。有一个传说讲道：最古老的人是由猴子变来的，它们茹毛饮血，生活与禽兽无别，长相也与现在的人大不相同——满身长着细毛，猫着腰，腿不直，但情急时就四肢落地，跑得飞快。当时，人类不知道取火，是打雷引起野火烧山，人们才尝到烤肉的味道可口，并由此获得了火种，后来又懂得了钻木取火的方法。那时也没有锅，吃肉或是直接在火上烧烤，或是把肉放在盛满水的木槽里，将烧红的石头投进木槽把肉烫熟。还有一种利用兽肚煮肉的方法：在野兽的肚子里装上肉，用文火烧烤。如今的狩猎人偶尔还使用此法煮肉。到后来，又发现可以把泥巴糊在葫芦的外壳上当锅煮。又由于葫芦烧坏留下一个更坚实的外壳而发明了土锅。普米族把这种原始陶器称为“扎脚里”，有一个做土锅的能手名叫“戛母各”。

在毛人的时代，人类有一个头头，叫“塞巴桑波抱提”，他特别聪明能干，教给人们许多改善生活的本领，如教人们用高山上长的青苔“被尼”遮身，又教人们用细藤穿树皮、树叶护体。为改变巢居穴处的状况，他教人们用树枝搭窝棚，上覆茅草，这种最古老的房子普米话叫“迁里”。但“迁里”仅能避雨，却难挡风。为了保暖，他又教人们挖地为窖，上覆草顶，成为半地窖式的住房，叫“罗加”，这是冬天的住房。夏天的住房除窝棚外，又教人叠石为墙，上盖树枝茅草为顶，像今日的牛圈，称为“琴真”。

上述传说，具有朴素的唯物论和进化论思想，即认为人并非仙女的后代，是由猴子进化而来。包括衣、食、住等物质生活的改善，都有一个从低级到高级的发展过程。

这些传说细腻形象，听来宛如讲述人类的原始社会史，但它却出自僻远山乡、少识文墨的普米族老人之口。由此更证明，由低级到高级的社会发展是客观存在的，在人类的"童年"时代，人们的物质生活很大程度上受地理环境的制约，因而凡自然条件相同的地区，共性的东西往往多于个性的差异，这就是许多民族的原始社会史大同小异的原因。

虽然传说并非信史，而且往往在时代的推移中改变某些内涵，但它毕竟是古代人类生产、生活的折光反射。无疑，也有助于弥补该族远古历史资料和考古资料的遗憾。

第二节 故乡——在那遥远的地方

普米族先民来自何方？虽然无法从更早的蛛丝马迹上去捕风捉影，揣测普米最早的远祖先世，及其与若干万年前青藏高原上原始人类的确切关系，但却可以根据文献记载、考古发掘及田野考察，找出向当代普米转化的直接族源。

一、古代牧羊羌人的后裔

普米族旧称西番。西番一名出现较早。晋代张华《博物志》卷三："蜀中南高山上，有猕猴，长七尺，能人行健走，名曰猴，伺道行妇女，辄盗人穴，俗呼为夜叉穴。西番部落辄畏之。"说明当时蜀南山中有巨猿，令西番部落畏惧。五代时流行《定西番》词牌，可见西番是西南地区的一个重要民族。尽管史籍中西番的范围比普米要宽泛得多，

但历史上普米正是西番的主体部分，无论文献记载还是民间口碑史料均明确：普米乃“西番本支”，即“大西番”也。

应该说，古人对西番（普米）远古渊源早有正确的认识。据元代周致中的《异域志》记载，我国西北的西番，就是殷商和西周、东周时代的戎的一支。《明史·西域二》则记载：“西番，即西羌，族种最多，自陕西历四川、云南西徼外皆是。”明景泰《云南图经志书》卷四“蒗渠州”也载有：“西番者，即所谓西戎也。”

所以，要真正追溯普米的族源，就必然牵动到羌戎这个古老族群的摇篮时期。羌是一个人种学名词，汉籍在近三千年的漫长岁月中一直使用它。汉代以前，羌族的历史可分为四个组成部分，即传说中的羌、卜辞中的羌和羌方、西戎中的羌以及河湟羌。上述四者之间在种族上可能是相同的，但其文化面貌上的异同现在已不明究竟了。只是在传说和古籍中尚保留了一些可供研究的内容，譬如从《说文》（公元100年左右的著作）时代起，始终把“羌”字解释为由“羊”和“人”两个偏旁所组成。同一部词典对“羌”字的定义为“西戎从羊人也”，说明羌人从事畜牧，以养羊为其特征。

在历史的长河中，“羌戎”此名称很可能是指许多不同的民族或部族。所谓“西戎”是周秦间包括了羌人的西部少数族群的概称。至于“西羌”的名称直到西汉才出现，大体上是指以西北河、湟一带为中心的羌人。在很长的历史阶段中，所谓西羌既代表一种方向、方位，一个远离中原的区域，同时也暗示着一种对其知之甚少的文化。汉代以后，情况有所变化。《后汉书·西羌传》是记述羌族历史的第一部成系统的著作，它对西羌的社会结构、种姓之分、羌汉关系等提出了比较可靠的可供研究的材料，这在某种意义上也为研究普米古史提供了宏观背景。

由上可知，现代普米族人与汉籍中所提到的“羌戎”有着密切的联系。不过，从古代羌人到当代普米，这中间留下了许多历史空白，数千年之间的递进衔接，绝不是轻易就能续上的。迄至今日，至多可以从现有的一些可信材料推测出普米与古代青海境内的西羌有着深远的历史渊源。

茫茫的雪域，高大的山原，是孕育普米这个族群成长的摇篮。从普米自身的传说来看，他们的始祖肇兴于“巨吾布直懂”（意为“大雪山下之雪水汇集之所”），还认为最早的“普米四兄弟”就生息在那里的四座大山下，此后，这些兄弟部落中除有一个部落留居于湟中地区外，其余三个部落皆先后离开了故里，自北向南迁移，经过若干世纪的艰难跋涉之后，最终落脚到川西南的大渡河、雅砻江、金沙江流域。

由此看来，普米原始先民并非一开始就是一个有统一自称的民族共同体，而是包括在更广泛的氐羌族群之中。随着历史的演变推进，具有血缘关系的若干氏族、部落之间发生通婚关系，逐步使相邻近的四大氏族或部落之间在居住区域、经济活动、生活习俗、语言与意识等方面趋向一致，从而完成转化为称呼“普米”（尚白）的民族，使普米共同体在血缘关系的基础上得到进一步的稳定和发展。

普米先民从氐羌族群中分化出来，带着古羌语与古羌文化，向西南迁徙，虽历经千年沧桑，却至今保存着较多的西羌本色，故园之思还在，旧时风物尚存。作为古羌遗裔之一，当代普米族人所饲养的主要牲畜仍是绵羊。遇到死人时，也要宰杀一只绵羊（若死者为男子，便宰杀一只公羊；若死者为女子，便宰杀一只母羊）作祭羊仪式。

这一特殊的祭羊仪式及其经典内容，确实证明了古代羌人和当代普米人之间的亲缘关系。时至今日，在普米族的生活习俗及民族文化中，仍能看到远古游牧民族的遗风。例如，在普米文化中，绵羊文化事象特别集中而丰富，无论是在宗教生活、社会生活还是家庭生活中，都能看到这种文化的普遍存在或广泛影响。无疑，普米族的种种祭羊

习俗应发源于古羌的牧羊生活，即属于古羌文化的遗留。

祭羊仪式　（胡镜明提供）

此外，把死者的灵魂送到“祖先之地”是普米族的古传民俗。在普米族这个高山民族看来，人生如一片落叶，落下来后皆回归于根。生命从哪里来，死后又到哪里去。而这生命之根就是过去祖先们在迁徙到现在居住地之前休养生息的地方。至今各地普米族都有十分详细的送魂路线，灵魂返回祖先之地必经的每一个地名，都通过口传或在写于韩规经中的送魂路线中一一标出。那些看上去只是旧地名的东西中，却常常唤起普米族关于遥远故乡，关于远祖先世的历史回忆。从方位上看，这条线路直指北方。自滇西北的兰坪往北沿金沙江而上，经丽江、川西南木里、盐源，逆三条江河（金沙江、雅砻江、大渡河）而上，最终到达祖先故地，即三江源头及青海湖一带。显然，透过这条漫漫的“魂路”，我们可以窥探到这个民族回归大地、矢志不渝寻根认祖的一片执着与真诚。

二、白狼槃木王国的子孙

从历史情况看，秦、汉时期，普米的主体部分从青藏高原南迁以后，其活动范围大体上未能超出金沙江、雅砻江、大渡河流域。其后普米先民大致在贡嘎岭一带曾有过长时间的停留，在当时，贡嘎山的宁静山麓，已经是相当理想的天然牧场了。

普米先民曾经历与川甘青藏走廊其他古老部落大体相同的生活环境和社会形态。可惜这时他们尚无文字，不能将这段经历留给后人。一直到他们在历史舞台上创出一番轰轰烈烈的英雄业绩后，其历史文化才引起史家的注意，并被载入史籍。东汉明帝永平年间（58～75年），川西南有白狼、槃木、唐菆等百余部落，史载其酋唐菆“慕化归义，作诗三章”，献给汉明帝。此歌词的译文及汉字记音都被完整地保存下来，后被载入《东观汉记》和《后汉书·西南夷列传》里，这就是传诵千古的名篇《白狼歌》。

其一“远夷乐德歌”诗曰：

> 大汉是治，与天意合，吏译平端，不从我来。闻风向化，所见奇异，多赐缯布，甘美酒食，昌乐肉飞，屈伸悉备，蛮夷贫薄，无所报嗣，愿主长寿，子孙昌炽。

其二“远夷慕德歌”诗曰：

> 蛮夷所处，日入之郎，慕义向化，归日出主。圣德深思，与人富厚，冬多霜雪，夏多和雨，寒湿时适，部人多有，涉危历险，不远万里，去俗归德，心归慈母。

其三“远夷怀德歌”诗曰：

荒服之外，土地墝埆，食肉衣皮，不见盐谷。吏译传风，大汉安乐，携负归仁，触冒险陕，高山岐峻，缘岩墦石，木薄发家，百宿到洛，父子同赐，怀抱匹帛，传告种人，长愿臣仆。

上面三章歌诗在《东观汉记》中还记载有白狼夷本语，也是44句176字。为了寻找白狼后裔，近代以来国内外有不少专家学者试图从语言学角度探讨白狼歌作者的民族属性，但大多仅能概指其语言属于藏缅语族而已，成效不大（有的虽进一步判断其为藏语支或彝语支，但缺乏足够的实证）。陈宗祥和邓文峰两位先生从1960年开始，深入藏彝走廊地区实地调查，先后在藏语、彝语、纳西语和普米语中寻找《白狼歌》的佐证，通过大量田野考察与文献研究，运用语言学、音韵学、民族学、历史学的综合研究方法，于1990年写出了《〈白狼歌〉研究（一）》一书，最终得出“古白狼语属于藏缅语族羌语支语言的历史语言事实，是难以否认的，而现代普米语（包括部分藏族所说的普米语），尤其是於弥语，很可能是古白狼语的后裔语言”的结论。这个观点虽然只是一家之言，但让人兴奋与新奇的是，这一创见与其他学者从史学角度得出的判断正相吻合。

诚如任乃强分析《后汉书·筰都夷传》后所说：“筰地当分为‘白狼槃木’与‘白狼楼薄’两大部，永平中，益州刺史朱辅，招致入京奉贡的白狼槃木王唐菆，所率号称‘百余围，户百三十余万’皆在四川西昌区的雅砻江流域，即盐源、木里等高地。其人系自康南沿雅砻江与理塘的倾斜面进入这一高地，留住下来的羌族。这个白狼王，蜀汉时还强大。因与张嶷争盐泉，被嶷挞杀。但并未害其人民，也未灭其国。明清间，喇嘛黄教传入此区，土民多已变为藏族。唯小部分在瓜别等土司保护下，仍保持羌俗，今称‘普米族’的便是。”

任先生又说：“白狼、槃木王地在四川盐源、木里与今云南宁蒗三县盐池附近，不仅《三国·蜀·张嶷传》可定，即今其遗民称为‘普米’者，所分布地域与其所传历史亦可定。”“当今盐源，木里与云南宁蒗县地，为槃木部，《后汉书》所云‘白狼槃木’，《张嶷传》所云‘槃木王’，今普米族是也。”

若此说可信，则“槃木”为普米族最早的音记，即《后汉书·筰都夷传》所云“白狼槃木”是普米族在历史上首次明确无误的记录。由此看来，早在1900多年前，即后汉明帝永平年间（58～75年），普米先民就有所作为，并同中原王朝开始建立了联系。

三、随“元跨革囊”过金沙江的普米

1253年，10万蒙古铁骑跨江南下，在西南大地上演了无数威武雄壮的活剧。为实施酝酿已久的“假道灭虢”以灭南宋之谋，忽必烈于1253年8月，带兵至今甘肃临洮，9月至今四川雅安西部地区，从这里兵分三路南征大理。

蒙古军“革囊渡江”，进军大理，“西番”所居地区是必经之地，征调“西番”随征是很自然的。或许忽必烈率领的一路由晏当山进军云南时，善骑射、拥有良马的西番人成了铁骑席卷全国的蒙古军理想的补充力量。也正因为如此，在普米族中，随蒙古兵征大理、滇西北的传说至今广为流传，如有人声称蒙军南征，木里王子和沿途居住的西番族头人首先投效，并率西番步骑兵充当前锋，深得忽必烈嘉奖，沿途取得的关塞多令西番兵留守，因而在永宁、丽江及金沙江的各处要隘，都有西番分布。不仅口头传说如此，在丽江三仙姑西番土把总和目始祖的墓碑上，刻记着：“随元世祖革囊渡江，留守关塞，而世守

其地。”

与此同时，兀良合台率领的一路由旦当岭（在今香格里拉）入维西，居住在雅砻江上游一带的西番，又有一部分中途加入蒙古军队，越过旦当岭，渡自其宗而入维西。“巴苴，又名西番，亦无姓氏。忽必烈取滇，渡自其宗，随从中流亡至此者，不知其为蒙古何部落也。”《维西见闻录》所载说的就是这件事。因为“西番”是在中途加入蒙古军队，便被误认为来自蒙古。当然，也不能排除有少数蒙古兵与当地妇女婚配而融合于西番，甚或是个别西番首领归附元朝后，被任命为世袭土官并逐渐蒙古族化。

由此可知，元代是普米族发展史上的一个重要转折期，即普米族人口迁移和发展的重要阶段。元代以后，关于“西番”的记载就比较详细了，其中明代天启《滇志》对“西番”的分布地域做出这样的概括：“永宁、北胜、蒗蕖，凡在金沙江北者皆是”，即今云南省的宁蒗、丽江、兰坪、永胜、维西、香格里拉和四川的木里、盐源等县都有分布，与现今普米族居住地区大致相同。事实上，普米族自元随蒙古军征大理有过一次大的迁徙之后，虽然还有小的流动，但大体上分布区域自明代以来变化已不大了。

第三节　远土已逝　我爱我家

普米族是中国具有悠久历史和古老文化的民族之一，普米族有“西番”、“巴苴”、“普英米”、“培米”、“批米”等称呼，新中国成立后统称为普米族。普米人主要居住在云南省西北部和四川省西南部。从地理位置看，主要位于云南、四川、西藏三省区毗邻的澜沧江、金沙江与雅砻江流域，东经 98.6°～100.8°、北纬 24.4°～27.6°；从行政区划上看，普米族分布在云南省西北部。另外，在四川省西南部也有普米藏族分布。据第六次全国人口普查，云南省普米族总人口 42 043 人。

根据普米族的传说和历史文献记载，其先民是原来居住在今甘青地带的游牧部落，后来从青藏高原高寒地带沿横断山脉向温暖、低湿的南方迁徙，辗转大半个中国。13 世纪中叶，一部分普米人随元世祖忽必烈远征云南。从此，普米族的先民逐渐结束了“逐水草而迁徙”的游牧状态，在广阔的横断山区定居，开始了农耕生活。

千百年过去了，代代普米人始终怀念着北方的故乡。时至今日，在普米族的生活习俗及民族文化中，仍能看到远古游牧民族的遗风，而本族的“戎肯——祭羊经”和历史传说中，对普米族的渊源和迁徙路线图都有清晰的描绘。

千载以降，时光流逝，物是人非，但普米族是个喜欢怀旧的民族，故土难离、故园难舍，一枝一叶总关情，在不老的传说中，远古的身影依稀可见。

普米族老祖母　（熊德鼎摄）

沧海桑田，往事悠悠。作为中华民族的一员，普米族是一个古老而年轻的民族。早在远古时期，普米族先民羌人就逡巡于西北草原，以游牧为生，逐水草而居，直接参与了早期中华文明的建设。

抚今追昔，感慨万千。普米先民从荒烟落日中走来，从那遥远的雪山草原上挥动牧鞭、驱赶着羊群，走向南方、走向文明、走向历史的前台。就云南普米族而言，历尽红土高原七百多个风霜岁月，历经艰难岁月的荡涤、风雨的洗礼，从 1949 年中华人民共和国成立起，才迎来了它的兴盛时期，与其他 55 个兄弟民族一同进入了社会主义社会。在党的民族政策关怀下，云南普米族地区的生产关系得到根本变革，生产力得到空前解放；民族识别的完成，使普米族成为我国民族大家庭中平等的一员；民族调查的实施，使普米族的社会历史资料得到抢救和保护；民族自治县、乡的成立，使普米族在现代社会条件下的生存、发展有了政治上的保障。自此，普米族历史翻开了新的一页，普米人民在滇西北这片雄浑丰饶的大地上休养生息、重振家园。

第二章

草根情结　山寨春秋

第一节　从原始部落到封建土司制度

一、雪山为誓、草原作盟——远古部落

氏族、部落，作为一种早期的社会形态，依然存留在普米人的记忆中，普米族是个喜欢怀旧的民族，传统的影子总是在现今的生活中若隐若现，尤其是在一些特殊的场合，世代相传的古谱成为每个人的“名片”和“识别码”。从传统中找到相对应的位置，能察觉到彼此携带着共同的记忆。

普米族在形成民族共同体之初，经历了从血缘关系向地域关系的转化过程，“巨吾布直懂，普米让共祖”，是普米族家喻户晓的一句名言，意思是在雪水融集的地方，住在四座山上的四弟兄联合为普米，普米的四大氏族形成了部落政权，其后开始了漫长的举族大迁徙，这句古语验证了普米民族由最初的四大部落演化而来。

普米族四大氏族部落的称谓，带有明显的地域色彩。这四个部落结盟后统称为普米，即“白人”，四个部落原各有一个本民族的姓氏，

后来又分为若干汉姓。以后的岁月里，虽随人口的繁衍各自分散开来，但只要说起四个山头结盟之事，便视为同姓同宗，亲如一家，这是普米民族自我认同的一个重要标志。

起源于大西北的羌人，在中国历史的早期，或射猎为事，或逐水草而居，向着西和南几个方向分散到各地。普米族先民是起源于西北高原的古羌人，但民族共同体形成应是南迁后的事，其中心区域亦应在川西的雅砻江和金沙江流域。13 世纪初，普米先民随元军参战，南下进入滇西北，成为云南境内较早的普米族先民。明清以后，陆续又有普米族迁入，逐步发展为有别于四川西番人的单一民族。

二、终生托付给你——氏族社会

由于历史发展的不平衡，古老的氏族社会的残余形态，或多或少地保留在普米族的社会生活中，普米族人普遍能说出自己所属的氏族名称。虽然氏族名称的含义大都已经无法解释，但因同一氏族来自于共同的祖先，该氏族祖先的名字后来就成为氏族的名称。如：

尼贴——身强力壮；

布梯——英勇果敢、能战胜盗贼和恶人；

埃昂——说话时爱争强辩；

开苏——嘴角歪裂；

律布——像倒酒的铜壶。

在云南兰坪县，由于居住集中、居住环境封闭、交通信息不便等原因，氏族组织仍保留得较为完整，氏族观念在某些方面仍然起着支配作用，如禁止氏族内婚在现在仍然是必须遵守的氏族准则之一，凡属同一氏族成员，无论相隔几代、居住远近，都不能通婚。这种通婚范围的严格限制，使普米族得以免除了血亲通婚的弊害，这是一大进步。

兰坪普米族氏族观念浓厚、历久不衰的原因，还在于他们把现在的氏族与祖先来源地的氏族紧密联系起来。作为一个普米人，只要诞生在世上，就属于某个氏族的成员，其婚姻行为就要受氏族原则的限制，死后不仅躯体要埋葬在氏族的墓地，而且他的魂灵也必须送回到祖先所在某氏族村落之中，才算得到美满归宿。这在客观上促使普米族的氏族关系得以长期存在，历久不衰。

图腾柱 （胡镜明提供）

维持普米族氏族组织的另一个因素是氏族的宗教活动，每个氏族都有本氏族共同的祭祀神：山神、龙神、树神等，每个氏族的山神都有专有的命名，如箐花村的“固察撒林留”、“惹润喜林留”、“枯达扔夏”三个山神分别属于三个氏族，每个氏族都把祭祀活动看作与氏族安危兴衰荣辱密切相关的大事。

氏族有公共的墓地、山林、牧场等公共财产，属于同一氏族成员使用，其他氏族不能侵占，如需使用，必须征得该氏族的同意，并支付一定报酬。新中国成立后，氏族公产被划归集体，氏族所有制随之

消失，但仍留下公共墓地归氏族所有。普米人死后，仍按各自的族属安葬在氏族墓地之中。

三、美丽大地的伤痕——家庭奴隶制的残余形态

近现代普米族社会，还保留有落后的家奴制度，普米语称奴隶为“乖”，即“替别人效力者”的意思，汉称“娃子”。家奴制度作为奴隶制的残余形态，一直延续到新中国成立前夕。其中较为典型的是云南兰坪普米族的家庭奴隶制，它历经三百余年的兴衰沉浮。新中国成立前夕，普米地区万劫不复的家奴制度在现代文明之风的席卷下，沉沦于四面楚歌之中。

新中国成立前夕，在云南兰坪通甸、河西两乡，3000 多普米族人口中，奴隶占了 199 人，他们分布在 17 个村的 70 个家庭中。

兰坪普米族取得家庭奴隶的方法有三：一是廉价购买破产农民；二是收留被拐卖的人口；三是陪嫁奴隶。奴隶的来源主要是澜沧江沿岸的傈僳族、怒族和拉玛人，奴隶的地位极其低下，完全丧失了人身自由。为了严格区分主奴身份，普米族主人对奴隶规定了 6 个不准：不准奴隶建立家庭；不准奴隶同普米族结婚；不准奴隶上学；不准奴隶参加主人祭祖；不准奴隶上桌子陪同客人吃饭；不准奴隶死后葬入主人坟地。因此，一般自由民沦为家奴后，就终身变成奴隶，不仅本人不能重新赎身恢复为自由民，奴隶的后代也成终身奴隶，奴隶在奴隶主家里只是一个会说话的工具。

尽管处在没落时期的家庭奴隶制，已经没有原始奴隶制那样残暴，但家奴终究是社会最底层的受苦人。1949 年，兰坪解放后，残留在兰坪土地上的奴隶制残余制度终于宣告彻底灭亡，吃尽苦头的奴隶们获得了自由和解放，成为中华人民共和国的一员。

四、百年“土司”化烟云

普米地区的土官设置始于元代，土司制度则完善于明代。明、清两代，土司都是世袭的。明、清和民国时期，虽都曾逐步在普米地区推行“改土归流”政策，废除土司统治，但直到新中国成立时，永宁、蒗渠等地区仍保持土司政权。土司制度终结于20世纪50年代民主改革时期，土司统治历经四百余年。担任土司的全是纳西族的支系摩梭人，普米人一律属“责卡”，即百姓等级。在永宁、蒗渠等土司领地，实行“巴—纳日”（西番—摩梭）联盟的政治制度。在土知府中，有普米人担任要职，并曾一度任过土官。

自土司制度建立以来，普米人从未担任过土司。普米族的传说是：

很久以前，普米族内部发生了一次争斗，胜利一方称自己是土司，成为普米族统治者。土司横行乡里，鱼肉百姓，外出要由四个人抬着走，普米族人恨死了他。

一天，普米土司要娶小老婆，叫来四个人抬他，路上这四个人想：娶媳妇还要人抬，到了姑娘家，还要让姑娘的父母出门向他叩头，这岂不是乱了普米的规矩。于是，暗中约定，把土司抬到石崖上，丢进万丈深渊，做了孤魂野鬼。

从那以后，普米族就再也没有土司了。

传说终究非信史。从历史上看，今四川盐源、木里和云南宁蒗县永宁地区，自古为西番人、摩梭人杂居的区域，普米谚语“巴—纳日，知根恨尼”，意为“西番和摩梭是一块土地上的人”，这一广大区域，非指单一民族所居，起码包括了今天的纳西、彝、普米、藏及摩梭的先民在内。元亡明兴，明廷鉴于西番跟元朝的特殊关系，而封本地摩梭酋长为土司，统辖治理本地，颇有“一朝天子一朝臣”的深意，普米等民族皆为所属土司的百姓。

旧时，土司是政教合一的封疆大吏，一手遮天、呼风唤雨、为所欲为，手握生杀予夺的大权。土司在领地内巡视，每到一村，由伙头组织百姓前往觐见，按规定数额贡送礼品，或整头猪、整只羊或酥油，或苏理玛酒不等。土司去世，每户百姓要送一匹马；土司夫人去世，送一头牛；土司长子“穿裤子”或结婚，送一匹马；土司女儿“穿裙子”或结婚，送一头牛。百姓向土司承租的每股地，每年向土司交纳粮食数十斤，盖房“黄板”数十块，山竹编织的“簸箕”数十个。另外，每村每年还须交纳一只獐子、一只麂子的“猎租”。在土司统治下，普米人狩猎要交纳“猎租”山税，所获猎物的兽头、前脚、虎皮、豹皮、麝香等上等品必须奉上给土司头人，余者平分。

普米族迁入川滇区域时间较早，当时这些地方人烟稀少，因而普米族占有了大片山林土地，普米族地区土地分为两大部分，一部分属于土司领地，俗称“官地”，土司是最大的领主，普米族百姓一般都有一块份地和少数出租地，可以世袭、转赠、出租和抵押，但不能随意买卖，旧时民谣说道：“最穷的西番（普米），也收三石租。”

土司委派“伙头”对普米族村寨实施统治。“伙头”是基层组织，有固定的管辖区域，由普米人担任，俗话说：“一山一老虎，一村一伙头”，伙头的职责是征收钱粮，调解纠纷，维持秩序，“伙头”可以世袭，土司分给“伙头”一块俸禄地，称为“伙头”地，作为报酬。除“伙头”、“总伙头”外，还设“小伙头”。

在土司统治下，普米族百姓与其他民族百姓相比，又有一些区别，虽承认其隶属关系，受土司的剥削，但在内部仍保留以“散羊毛疙瘩”的形式作为反对土司及其属官，或发生紧急军情时的民主权力，并成为传统惯例。凡土司、总管、头人“做事不合规矩”，便可由“斯子”（百姓的领头人）出面，以“散羊毛疙瘩”的方式，作为其联络通信手段组织集合队伍，冲进土司衙门，抄没家产、宰杀牲畜，土司及属官只得认罪，不许违抗。“散羊毛疙瘩”是向各个联络点传递消息、通知集合队伍，与土司及属官作斗争的特殊手段。有两种方式：其一是一条打了许多结的羊毛绳，结的数目等于联结点的数目，一旦作出“散羊毛疙瘩”的决定，就由动作敏捷的青年人立即传出，每到一个联络点便解一结，并由该村青年立即传给下一个联结点，直到解完最后一结，传递时要求迅速而机密。其二是在一条绳子的总根子上，分出若干小羊毛绳，一个联系点就有一根小羊毛绳，每条羊毛绳上都打好相同数量的结，代表相距集合的天数，再将羊毛疙瘩拴在两块小木板上，木板中间夹着一根鸡毛、一个辣椒、一块木炭、一节骨头，意味着行动要像飞箭一样迅速，士气要像辣椒一样浓烈，心情要像木炭一样炽热，团结要像骨头一样坚定。羊毛疙瘩所到之处，必须停止一切活动，全力以赴准备出征。这是普米族每个男成员保护集体利益的义务，也是光荣职责，对此人人争先，不甘落后。散羊毛疙瘩的组织，主要以地缘为单位，有时包括几个村，有时只有一个村，每个村落又有不同的家族。集合地点较为固定，一般选在开阔的平坝，可放牧，但不许种庄稼。假如散羊毛疙瘩反对的是土司，则土司必须不穿鞋、不戴帽、不骑马，向反对族众赔礼道歉，承认错误。如果反对的是一般属官，则要没收其家产和宰杀牛羊。被反对的领主如果赔偿损失，承认错误，仍可当官，没收的财产也可退回。“散羊毛疙瘩”是普米群众联合对抗土司官家的一种行为方式。因“先有百姓后有官”，所以土司承认西番有“散羊毛疙瘩”的权利，摩梭百姓和其他族可以响应，但无权主动发起“散羊毛疙瘩”。

普米族作为土司的百姓等级，却享有较为特殊的政治权利，有自主婚姻和人身自由，对所属财产有自主权，在土司辖区内可以自由迁徙。普米族承认摩梭土司的统治地位，土司则保障普米人的和平生活和人身自由权利，普米人可以骑马进内坝，觐见土司时允许穿金边衣

裳等。土司可以任意处罚摩梭百姓，可以将他们罚做奴隶，但对普米人却不能任意行事，普米族在摩梭土司统治下享有一定特权。

普米族在土司统治下独享尊荣的来历，传说是普米族头人搓皮·尼玛甲泽在土司遭遇外族入侵，生死存亡关头，使用金蝉脱壳计谋让土司化险为夷，土司感念普米人的救命之恩，把普米人视作亲人，从此享有特权。当土司家人亡故时，在身披牛皮甲、挥舞大刀的普米武士的引导下，普米人成群结队浩浩荡荡前往土司衙门吊丧，质询老土司死因，此时，新土司率其眷属跪伏于普米队伍前，哭诉情由，请求饶恕，深表尊崇之意。

五、改土归流——封建领主最后的时光

明、清和民国时期，在与汉族、纳西族、白族等接触较多的兰坪、丽江、维西、永胜等普米地区，推行“改土归流”政策，废除世袭的土官（土司）制度，由中央直接委派“流官”治理。在丽江，自清雍正元年（1723 年）改土归流以后，废除了领主对土地的所有权，土地为百姓所有，并规定土地可以自由买卖，普米族百姓从向土司交钱粮改为向地方政府纳粮。与此同时，外界的先进文化也就较为容易地输入普米族地区，汉族移民和汉商的大量进入，既带来了先进的生产技术，也刺激了商品经济的发展。同时，贫富分化的现象也进一步加剧，产生了无地或少地的贫雇农、占有大量土地的地主和富农、高利贷者等不同阶层。雇工和出租土地等剥削形式在普米族中也得到了发展，促使这些地区由领主经济演变成地主经济。

原先，无论兰坪还是丽江，普米族大多属于拥有部分土地的自耕农，极少沦为佃农。后来，随着普米族中的头人将共有的“公山”、“公地”招佃出租，雇请长工种田放牧，出现了一部分家庭殷实的地主富农。

在实行“改土归流”以后，普米人的生产力得到了提高，生产水平与当地汉族大体相当。同时，由于与外界接触较多，这些地区普米人的人文风俗也就受到外族较深的影响，大多改穿汉族、白族或纳西族等民族服装，妇女也不再穿裙子了。

第二节　当代的天空朗朗乾坤

对于普米族地区和普米族来说，20世纪是一个梦想的开始，几百年的阶级剥削、阶级压迫和民族歧视，在这个世纪的后半叶一下子消失得无影无踪。新中国成立以来，特别是改革开放30年来，在党的民族政策的光辉指引下，普米族在政治上实现了平等，经济社会和群众生产生活发生了翻天覆地的变化，普米族历史掀开了新的一页。民族干部、专业人才队伍从无到有，现代工业百废待举，教育、科技、文化、卫生各项社会事业齐头并进。普米族丰富多彩的民间文化得到发掘和保护，具有浓郁民族特色的普米族诗歌、音乐、舞蹈走出了民间、走上了舞台、走向了世界。过去风餐露宿于树穴岩洞之下，几代人挤在冬冷夏热的木楞里，如今住上了砖瓦楼房；过去“打黑帕布头”、用麻布毛毡裹身，如今西装革履；过去得了病缺医少药，只有“杀牲祭鬼”，如今中医、西医医院比比皆是；过去靠口弦或口哨传递信息，如今电话直拨海内外；过去“对面说话听得见，相见要走一天路”的普米山寨，如今公路四通八达，汽车绕着山寨转；过去祖祖辈辈靠松明火把照明，如今白天黑夜一样亮。改革开放30年来，普米族地区基本实现村村通简易公路、村村通电、村村通广播电视，基本解决人畜饮水困难，人口素质得到显著提高，群众生产生活得到显著改善，各项社会事业建设取得长足发展和进步。

普米族群众生产力水平显著提高。普米族地区在种植传统作物的

基础上，近年来大力种植经济林果、中药材，推广玉米、白芸豆、脱毒马铃薯等优质良种，修建蔬菜大棚，改良、引进大小牲畜良种，改变耕作方式，引进农业机械，生产力得到解放。

普米族地区基础设施显著改善。自扶持人口较少民族发展项目实施以来，通过建设乡村公路、村内水泥路，建沼气池、卫生厕所、人畜饮水工程、节柴灶，改造茅草房、黄板房等项目，使普米族群众用上了清洁能源，改善了卫生条件，普米族地区的村容村貌焕然一新。

普米族地区社会事业明显进步。近年来，党和政府高度重视普米族地区民生，实施整村推进项目。文化建设上，建成了村文化室、"村村通"直播卫星通信系统，便于群众接收广播电视节目，进一步丰富了普米族群众的精神文化生活；医疗卫生方面，建设村卫生室，配备合格卫生员，解决了普米族群众看病难问题，农村缺医少药的状况明显缓解；教育方面，认真落实"三免费"、"两免一补"政策，大幅提高适龄儿童入学率，解决了普米儿童上学难问题。

普米族人口整体素质得到提高。近年来，各级政府以促进农民增收为目标，立足于当地资源优势，加强农村实用技术的推广应用，举办农业科技培训，指导农民科学生产；村文化室配备农村实用技术图书、报刊、光碟等，加强农村科技基础阵地建设，推广实用技术，群众科技素质有了明显提高；各级公务员和事业单位招考，对普米族特设岗位，并加一定照顾分，拓宽了普米族人才培养渠道，普米族人才总量有所增长，整体素质得到提高。

普米族人民的政治地位得到显著提高。新中国成立以来，历尽沧桑的普米族在党的关心下沐火重生，成为滇西北雄浑大地的主人。在旧社会，普米人是百姓等级、被统治群体，社会地位低下，洛克在《中国西南古纳西王国》中写道："木里西番农民为权势所压迫，在见到等级高的人时不敢抬头。男子不穿裤子，而是如这里的女子一样，穿着牦牛毛织成的有条纹的裙子。男子所穿的裙子有横条纹，女子则是直条纹，他们被禁止穿鞋子。”雾霾散去，新中国成立以来，普米人成为祖国大家庭中平等的一员，在党和政府的亲切关怀下，普米族不仅在省级机关，在州、市、县、乡各级部门，有了一大批党政干部，在企事业单位，涌现了一大批管理和专业技术人才，而且在国家和省级人大代表和政协委员中有了一席之地。

改革开放三十多年来，尤其进入21世纪以来，党和政府倾力实施“扶持人口较少民族发展规划”，使得普米族聚集区加快发展的基础进一步夯实，加快发展的环境不断优化，广大普米族干部群众干事创业的热情空前高涨，为建设富裕、和谐美好的家园，谱写出了无愧于时代、历史的辉煌灿烂篇章。普米族进入全面发展的黄金时期。普米族地区变得一天比一天繁荣、一天比一天富裕、一天比一天美丽。这是中国共产党的领导和社会主义制度的实施，以及民族区域自治的贯彻，和全国人民团结互助的结果。

一、心念党恩——吃水不忘挖井人

从游牧、迁徙到定居，普米族曾一度兴盛，后来由于阶级压迫和民族冲突，他们又从兴盛走向衰败，而且几乎濒临灭绝。新中国成立前夕，普米族地区土司势力日益衰落，国民党官吏推行民族歧视，勾结地方势力肆无忌惮地扰乱黎民百姓，战乱不止、民不聊生，凉山的奴隶制社会，各家支械斗频繁，残酷杀戮，人亡山空，普米族走到了灭族灭种的边缘。1953年第一次全国人口普查时，普米族仅有12 458人。

是时，普米族人被逼到了生死存亡的边缘，尤其是在奴隶主气焰嚣张的小凉山宁蒗地区，烧杀掠夺、劫人为奴，普米人十室九空，“已经百日窜荆棘，身上无有完肌肤”。是共产党的解放军让普米人民开始

新的生活。1949 年，普米族聚居地区飘起了五星红旗，党把阳光雨露洒在了风雨飘摇的普米族地区，把关怀和体贴送到了满腹酸苦的普米人民身上。半个多世纪以来，普米族人民充分感受到了祖国大家庭的温暖，普米人民放声歌唱："普米山寨的土地再松软肥沃，没有雨水庄稼不会生长，普米山寨的鲜花再美再香，没有阳光鲜花不会开放，比贡嘎山、牦牛山、玉龙山、老君山、雪邦山还高，比雅砻江、金沙江、澜沧江、怒江还要长，共产党和毛主席的恩情啊，普米人民世世代代不会忘。"

二、济世情怀——你的身影如此美丽

普米族谚语说：普米的祖先是正直的祖先，普米民族是正直勤劳的民族，普米的氏族是诚实的氏族，普米的家庭是厚道的家庭，普米人不取不义之财，不行没礼仪行为，不说恶言恶语，不做歹人歹事，手长的小偷不容存在，贪婪的坏人不容存在，胃大的野兽不容存在，吸血的魔鬼不容存在。

普米家庭的每一个成员都热爱自己的家族，爱护家族的声誉。在母系制地区，女子是根，而多数地区，则男子是继承人，因此，男子都必须学会背诵自己的家谱，记住各代祖先的名字。

普米族传统习惯是"一家有事，百家帮忙"。因此，一家有事，只要主家通知一声，家家都会去帮助，主人则以"醅"（苏理玛）酒和猪膘肉等佳肴款待，不需另付报酬。

普米人以正直、勤劳、能干为荣，认为有知识，懂礼貌，能背诵自己的谱系，懂得习惯法，善于为人排难解纷，在群众集会中能即席发言，以理服人，能主持祭祀活动，善于安排生产、生活，赶马经商等都是值得引以自豪的事。其中能代表群众利益、表现突出者，会被群众称赞为"知点比着阿兹"，意思是"真正是个能干的普米"。而对人虚伪、偷人物品、虐待老人、逃避社会责任等，则被认为是可耻的，要受到社会的鄙视和谴责。

加工猪膘　（曹文山摄）

历史上，普米族与汉族、藏族、纳西族、彝族、白族、傈僳族等族交错杂居，和睦相处，世代友好，普米人很少与异族发生隔阂和纠纷，这是普米族人豁达开朗、健劲勇迈、重德崇实、能言善辩、包容性很强的民族性格的成功范例。普米人普遍勤劳睿智、勤耕善牧，能将家事国事安排得井井有条。在漫长的历史发展进程中，普米族之所以历经沧桑、生生不息、不断发展，正是得益于普米族能够在社会文化的发展变迁中，正确处理宽容与兼容间的复杂关系。普米族在处理人与自然关系上，不仅自古以来与青山共存，视森林为母亲，同时善于植树造林，发展经济林木；普米族在处理与中华民族关系上，认为是整体一部分，有很强内聚力；普米族在处理族内关系时，心态上有很强的亲和力，普米族在族际交往中，有很强的语言天赋，擅长与各民族交流沟通；普米族在处理人与人关系上，十分重视社会公德、家族伦理道德；普米族在处理人与社会关系上，能与时俱进，有很强的社会转型能力。过去普米人离土离乡，以善于经营大小牲畜和药材而扬名天下，现在又在市场经济大潮中显露身手。毋庸置疑，普米族的这一基本文化特质奠定了当代普米族实现科学发展的

良好基础，也将使普米这个徘徊在传统与现代化之间的古老民族，在新世纪的对话过程中，立足自身文化优势，顺应时代潮流，赢得民族更好的生存与发展空间。

第三节　从远古走来的四大家族

一、普米人的四大家族

普米人从出生之日起，就属于某个氏族成员，婚姻受到氏族原则的限制，死后不仅躯体埋葬在氏族墓地，而且灵魂必须送回祖先身边，才能算得到美满的归宿。所以，普米族的氏族关系长期存在，历久不衰。每个氏族都有自己的山林、龙潭、神灵、墓地暨共同的宗教活动。

以云南宁蒗县木底箐村普米族聚居区为例，普米人虽已有汉姓，但在内部仍使用本族姓氏，如姓“筇·抗尼”支系的共 30 户、180 人，其下又分为倮瓦、布尼、桑罕、埃塔、开基、匈布 6 支，汉姓皆为曹，他们聚族而居，每一支都有自己的公共地域、分支名称、家族长老，有自己的经师——韩规，有共同的墓地——罐罐山。

普米族各姓聚族而居的社会结构，对于统一宗族内各户的恩怨和行为规范无疑是十分有利的。历史上，普米族用传统的宗教理念来规范宗族内各成员的行为。血缘关系是维系普米族父系氏族的纽带，同氏族的人危难相助，有无互通。父系家庭生命财产的安全，主要依赖家族的合力来保证。

根据本民族的传说和历史文献记载，普米族先民是原来居住在今青、甘交汇地带的游牧部落，后来从青藏高原高寒地带，沿横断山脉向温暖、低湿的南方迁徙。普米族的迁徙路线，在普米族的民间祭祀歌《绒肯·给羊子》有记载：普米四大部落氏族居住在青海，某日，为寻找理想家园，采取古老的占卦方式，放四只海螺于青海湖确定方向，结果三只向南，指引三支部落向南迁徙，留下一只“拉雅动哈”留守故土。普米族三大部落迁出青海后，沿横断山脉江流方向经康巴地区南下。“补吉南南控南南”——“控”部落顺金沙江迁来；“尼吉南南给母南南”——“给母”部落沿雅砻江迁来；“鲁吉南南奔南南”——“奔”部落沿大小金河迁来。历史上，凡普米家族居住过的地方，都是以家族名称命名的，特别是其祖先发祥地“巨吾布直懂”的说法，更是探索普米族形成问题的一个重要线索。而普米（西番）民族共同体的形成，当以雅砻江和大渡河之间大雪山脉的贡嘎岭地区为妥，这正是在甘、青、川走廊地区。

家庭用具 （曹文山摄）

如今，在追溯祖源或背诵谱系时，开头都要以“巨吾布直懂”说起，然后才说本支的谱系。“巨吾布直懂”的分解义为：“巨”的意思是穿裙人，“吾”为地方，“布”意为雪，“直”意为水，“懂”意为源

头或总根，全义为：雪融化后形成江河之源的地方，是穿裙妇女的来源处。“普米让共祖”分解义为：“普米”系自称，“让”义为四，“共”是山，“祖”意为子孙，全义为：住在四座山上的四个血缘集团联合为普米。讲的正是历史上民族开始形成的情景，用山头来表示部落，反映出该族由部落联合为民族时，是生活在山区。

据口碑，联合为普米族的四个部落名称是：①“沙雅博巴岗”意为美丽的花瓶山；②“博尼斯布岗”意为威武的豹子山；③“俄尼沙嘎岗”意为叉舌的红虎山；④“藏沙丰阿岗”意为秋季的黄花山。普米族四大氏族部落的传人是：

1．“沙雅博巴岗”氏族，以“给母”氏族为核心，“绒尔”为部落首领，传说“给母”有九子，原姓“巴尔瓦支”，此支沿雅砻江迁徙，汉姓项、董、肖、宋、郭、杨、马等。

2．“博尼斯布岗”氏族，“奔雅”为部落首领，原姓“奔雅”，支系众多，汉姓熊、曹等。

3．“俄尼沙嘎岗”氏族，“控”为部族首领，原姓“控”，此支沿金沙江迁徙而下，“控”有三子，汉姓杨、胡。

4．“藏沙丰阿岗”氏族，据传说，其后裔是建立西夏王朝的党项族。

二、姓氏——大自然的名片

普米族历史上长期过着游牧和狩猎生活，崇拜自然，以居住地的动植物作为本氏族姓氏名称。

普米族在近代以来普遍采用汉姓，其来源大概是从明朝开始的，普米族口碑相传：明朝洪武年间，普米族居住的滇西北、川西南地区纳入明朝版图，接受明朝统治。不久，这一地区发生了叛乱，明王朝调动大军，用6年时间平定了叛乱，为了加强对这一地区的有效治理，当地政府对普米族各氏族进行详细的户籍登记，从此普米族便有了汉姓。

在民间，普米族姓氏则以古歌形式流传下来。

普米姓氏来源歌

我们普米的始祖，远在开天辟地的时候，就诞生在蒙古。不知过了多少年，有一对祖先离开了蒙古，来到“巨吾布直懂”居住，后来祖先怀胎三年，生下四个儿子，一家过得幸福和睦，等到儿子们长大了，老人给他们分家，四兄弟各住一处。

“巨吾布直懂”前面，正好有四座大山，四个儿子每人一座。

老大分到第一座山，山上住着许多老虎，这家人后来就姓胡。

老二分到第二座山，山上放着许多马匹，这家人后来就姓马。

老三分到第三座山，山上住着许多熊，这家人后来就姓熊。

老四分到第四座山，山上长满许多青草，这家人后来就姓曹。自从那次分家后，胡、马、熊、曹互通婚，繁衍子孙到如今。

四个部落原各有一个本民族的姓，后来又分为若干汉姓。第一个山头的后裔原姓“巴尔瓦支”，该支系由“给姆”九兄弟分衍下来，汉姓项、马、杨、董、郭、肖、宋等；第二个山头的后裔原姓“空业”，该支又分“空呆”（老大）、“空尼”（老二）和“空松”（老三）三兄

弟，此支沿金沙江迁徙而下，汉姓杨、胡等；第三个山头的后裔原姓“奔雅”，汉姓熊、曹等；第四个山头的后裔下落不明。

四个部落的前三支，历史上常以“巴尔瓦支空松业”加以概纳，现在的分布地区还是清清楚楚的。“巴尔瓦支”分布在四川木里、盐源、盐边及云南宁蒗、永胜等县境；“空业”分布在四川木里、盐源及云南宁蒗、永胜、维西、香格里拉和兰坪等县；“奔雅”分布在四川木里、盐源及云南宁蒗、永胜、丽江、兰坪、维西等地。后来各支系随人口的繁衍越来越分散开来。

三、普米人的亲属称谓

普米族的亲属称谓反映了一夫一妻制婚姻形态和父系个体小家庭结构的一般特点。不论血亲或姻亲，主要亲属关系都有专门的称呼，在称谓中，性别和辈分区分都较明显，可到上三代、下三代。在同辈中，除了性别区分外，还考虑到了年龄因素的大小、长幼之不同，唯有哥哥和姐姐、孙子和孙女称谓一样，外侄子和女婿、招赘女婿称谓相同，可以看出普米社会普遍存在姑舅表双向优先婚，外侄子当然就是女婿，因而，还没有出现单独的亲属称谓。不同辈之间的基本血亲、姻亲亲属称谓详见下表。

血亲姻亲亲属称谓

血亲姻亲关系	普米族称谓（音译）	血亲姻亲关系	普米族称谓（音译）
曾祖父	壤波	丈夫	布凑
曾祖母	壤哆	妻子	布凑母巴
祖父	阿波	媳妇	母哧
祖母	阿哆	兄	拜拜
舅祖父	苟苟阿波	弟	捆
舅祖母	苟苟阿哆	姐姐	拜拜
父亲	阿蒜	妹妹	混
母亲	麻麻（阿麻）	儿子	钻
大伯父	蹦知	女儿	侣
二伯父	蹦骨一	孙子	依资
叔父	蹦改资	孙女	依资
伯母	麻骨知	外侄子	集资
叔母	麻改资	女婿	咪克弟
姨母	念念	内侄子	嘟
舅母	咪咪	外侄女	集资母扎
舅父	阿苟	内侄女	嘟母扎
姑母	念念	入赘女婿	祖曼

第三章

远在天边人未识

第一节　漫漫迁徙路——骑马扬鞭走向南方

一、魂灵串起的地理系谱

普米族是个迁徙民族，迁徙时间跨度千年，空间分布纵横百里。普米族的迁徙路线，基本沿金沙江、雅砻江、大渡河向南，从高寒地带沿横断山脉逐渐向温暖、低湿的川西南迁移，最终定居在川滇之交的横断山脉腹地，那里远离纷争，出产丰饶，是块适宜休养生息的净土。

普米人死后，魂灵沿着“指路经”指引的道路，山一程，水一程，义无反顾往北走，故土就在前方，而这被普米人魂灵串联起的无数村寨，正是普米族历史地理分布图的真实描绘。

普米“指路歌”

你离家上路以后，要经过“锣锅箐”，路过“通甸”坝子背后的“老君山”，穿过“石鼓”山谷，在“石鼓”村边渡过

“金沙江”，不要怕大江浪高流急，这条路是你祖宗走过的路线。

你往金沙江对岸走去，往那里的山梁上走去，沿着江水流向走，往祖先鏖战过的“岩山水潭”走去，菩萨玛里会保佑你。

你走过岩山水潭以后，便到了祖先生活过的“玛亚”，然后往“玛亚”的松林垭口进去，往祖先“打过盐和酥油的地方”走去，往那边的草原走去，往“么些人”的林区走去。

往我们曾经纺过麻线的“亚干”走去，往我们曾经生活过的“木里”走去，往我们曾经居住过的“瓦尔”走去。往江水源头走去。往祖先走过的红沙漠走去。

你走过大沙漠后，往“郭勒毕毕”地方走去，往祖先在“郭勒”生活过的地方走去。

往东方有水的山谷中走去，往有湖水的美丽山谷中走去，往运送丝绸的路上走去。

从方位上看，这条线路直指北方，自滇西北的兰坪往北沿金沙江而上，经丽江、川西南木里、盐源，逆雅砻江而上，最终到达青海三江源和青海湖地区。

“锣锅箐”、“通甸”是云南兰坪普米族聚居村寨，“石鼓”位于玉龙县境内金沙江边，“岩山水潭”指云南丽江玉龙雪山脚下玉湖，传说历史上普米军与纳西军在这一带发生战事。“玛亚”指川西南木里县境内，“打盐的地方”指川西南盐源县盐井。“么些人”指川西南盐源地区的古纳西人。“江水源头”指雅砻江源头，在青海境内。“大沙漠”指青海柴达木盆地大沙漠。“郭勒毕毕”指柴达木盆地以北“巴音郭勒”河。“湖水”指青海湖。“运送丝绸的路”指甘青境内的“丝绸之路”。

“玛亚”、“亚干”、“木里”、“瓦尔”、“郭勒毕毕”……那些看上去只是旧地名的东西中，却常常唤起普米关于遥远故乡、关于远祖先世的历史回忆。显然，透过这条漫漫的“魂路”，我们可以窥探到这个民族回归大地、矢志不移地寻根认祖的一片执着与真诚。

二、甘青地区

川西南、滇西北是普米族大迁徙历史上的三个重要驿站。

1. 西北河湟地区：普米的古老家园。

据普米族世代相传，皆以为先民是从青海迁来，渊源于古代的氐羌族群。史家考证，今青海省河湟地区是古代羌系民族的发祥地，即可认为普米族为原居祖国西北青藏高原，而后逐渐向南迁徙的氐羌支系发展而来，是古代氐羌族群的遗裔之一。

《后汉书·西羌传》载：“羌无弋爰剑者，秦厉公时为秦所拘执，以为奴隶……后得亡归……其后世世为豪，至爰剑曾孙忍时，秦献公初立，欲复穆公之迹，兵临渭首，灭狄貊戎，忍季父卭畏秦之威，将其种人附落而南，出赐支河曲之数千里，与众羌绝远，不复交通，其后子孙分别各自为种，任随所之，或为牦牛种，越嶲羌是也；或为白马种，广汉羌是也；或为参狼种，武都羌是也。”这说明秦献公时，羌人南下，并与早先就分布在西南的部落结合，形成大小不同的部落群体，或游猎、或放牧，迁徙无常，居无定所。普米应是南下羌人中的一支。

“巨吾布直懂，普米让共祖”，这句普米族的古语正是对历史上普米族生存环境的真实描绘。在普米族的祭羊经中，亡灵由绵羊指路，一程又一程往北走，最终到达故土——青海河湟地区。

2. 川西南高地：普米的中转站。

普米先民从荒烟落日中走来，从那遥远的雪山草原上，挥动牧鞭，驱赶着羊群，走向南方。在茫茫的迁徙之路上，川西南高地是普米族大迁徙中的最重要一站。匆匆忙忙赶路的先民们，暂时留住了前行的脚步，卸下行囊、放马南山，在这块宁静壮美的高山峡谷间休养生息，形成强大的部落联盟。同时，部分普米人永久定居此地，成为现今的川西南普米藏族。

汉武帝元鼎六年（公元前111年），司马迁奉使西征巴蜀时，所了解的情况是："靡莫之属以什数，滇最大，自滇以北君长以什数，邛都最大……自嶲以东北君长以什数，徙筰都最大。"今丹巴界以南泸定县境一段，为汉筰都夷地。《后汉书·筰都夷传》："筰地当分为白狼槃木与白狼楼薄两大部。永平中，益洲刺史朱辅招致入京奉贡的白狼槃木王唐菆，所率号称'百余国，户百三十余万'。"皆在四川西昌区的雅砻江流域，即盐源、木里等高地。其人系自康南沿雅砻江与理塘河倾斜面进入这一高地，留住下来的羌族。于此说明筰人即是白狼人，自称"普尔米"（普米人）者为白狼夷之子孙，近人有谓"巴塘"，古之白狼国，地方千里，即白狼国在今之盐源、木里等地。

晋初，张华《博物志》出现"西番"一称，"蜀中南高山上，有猕猴，长七尺……西番部落辄畏之。"至唐，"南诏势力达于今凉山州"，西番居地处于南诏中心大理地区的东面，南诏遂称之为'东蛮'，即两林、勿邓、丰琶之部落，以致虚恨、董蛮等沿大渡河之南而居的诸部，即在今石棉、甘洛、越西、冕宁和峨边、马边等地，均为古筰人族系所居，虽不排除有傈僳、彝等先民在内，但其主要成分应是西番（普米）的先民。

宋代，大理政权在此设会昌、会川二府，继续控制该地区。方国瑜据《宋史黎州诸蛮传》考证，结论为宋时勿邓、西林、丰琶的方域

与唐时适可相当。他认为应以西番中的白狼楼薄为主，至于白狼槃木的当是交错而处的今盐源、木里、宁蒗等高地。

东蛮诸部在今大渡河、雅砻江、金沙江之间，水草丰美、气候温和的河谷平坝地带有相当时期的停留，至唐、宋人口滋生，生产力水平有了更大提高，其中大部分接受了农业文化，开始农牧兼营，并逐渐定居，由于他们最先在这些地方垦屯耕种，后来迁入的汉族多与其发生租佃关系，谓之“蕃田”、“蕃租”，与内地有牛马交易和其他经济文化交流。据此，唐代之东蛮地正是宋代西番的聚居之地所，他们之间正好相互衔接，而所以由东蛮之称变为西番之名，乃是这两个称谓均是他称，由于称呼者立足点不同，方位名目也就殊异。唐时东蛮是出于南诏，而西番之称是出于汉人，对此蜀地汉人，东蛮等部不在东而在西，遂被称为“西番”，此名仍沿用晋代旧称，非新创，或许在民间一直沿用。西番是对普米族的一种他称。

川西贡嘎岭地区，周围分别为雅砻江、大渡河、安宁河环绕，是古代民族的天然乐园。据研究，贡嘎岭西侧历来为西番居地与《博物志》所载“西番”亦相符合。故此，西番（普米族）的形成，当在雅砻江和大渡河之间，大雪山脉的贡嘎岭地区为妥。

3. 滇西北高原：普米成为新主人。

元代是普米族人口迁徙和发展的重要阶段。1253年，元世祖忽必烈兵分两路南征大理，西番所居为必经之地，善骑射、拥有良马的西番人，成了铁骑席卷全国的蒙古军理想的补充力量，元军征调西番出军随征成为自然，忽必烈所统中路军在四川建昌分道，途径盐源、木里入驻今云南永宁“日月和”，有许多西番军士随军入滇，革囊渡江，进入滇西北，滇西北地区逐渐重新形成西番人历史上的重要聚居地，西番人在元代曾活跃一时，得以重用，被授予类似“蛮夷军民官”者不少。西番首领曾担任土官（土司）职务，相应西番人（普米族）人口向云南西北地区流布，并得以发展壮大。从此，普米族停止了长途跋涉，在水草丰美的大小凉山、老君山和雪邦山定居下来，普米族历史的大幕正式开启。

至此，可对普米族历史做一初步概括：自称“普米”（也称“西番”）的历史，可以直接上溯到东汉的白狼羌，以白狼王唐菆和唐缯为首的部落联盟，正式形成一个较稳定的族体的基础，后随迁徙中心到定筰（今四川盐源、木里、盐边等地），延至唐，西番所居之地，成了唐、南诏、吐蕃的争战之地。元代是普米族人口迁徙和发展的重要阶段，西番军士随元军入滇，普米族由此在滇西北高原定居下来，成为新主人。

三、白云生处有人家——普米族地区自然环境

1. 世界自然遗产上的家园——老君山

普米族生活在云南省西北部，横断山脉南缘的深山峡谷之中，境内群山耸峙，江河蜿蜒。普米村寨如一枚枚白色的棋子点缀在群山沟壑间，苍翠的山、碧绿的水，炊烟从绿荫环绕的村庄上空袅袅娜娜飘过，鸡犬在篱笆墙的褶皱间悠然觅食，慈祥的白发老阿妈，聚在村口的大树下淡然闲话……这就是普米人可爱的家乡。

在云南南坪罗古箐，把古树称为母亲树、情人树，把罗古箐河称为母亲河，体现了对自然万物的博爱、包容、亲和关系。普米人以这样的赤子情怀与天地沟通、与自然山水对话，再现了人类童年时代的纯真梦想。

老君山，享有世界自然遗产的桂冠，是普米族祖祖辈辈生息繁衍的栖息地。老君山连绵盘亘数百里，层峦叠嶂，时起时伏，是三江并流风景名胜区的主体部分之一，属横断山系云岭主脉，金沙江环其左，澜沧江绕其右，因其岭脊走向围成半环状，恰似一个马蹄形的老君炼丹炉而得名，曾被史家称为“滇省众山之祖”。且有丰富的地质、生物

和景观多样性条件。

老君山怀抱中的玉狮场，被音乐家陈哲称为最后的原始森林。这个有百来户的普米族小山村，守着 8 万亩老林，却过着贫穷的生活。当年，全村人曾豁出身家性命，誓死捍卫伐木大军刀斧下的古树，为了防止矿石及木材外运，他们万众一心拒绝修筑通向山外的公路。那个地方，村口边汩汩流淌的溪流清澈见底，随手捧来即可入口，从树梢掠过的风传递着山花的芳香，四围的青山烟雨葱茏纤尘不染，那是个美丽炫目得令人心悸的地方，同时又被称为“美丽的贫困”。

玉狮场，有关她的传说，如同她的瑰丽风光一样古老美丽：

很久以前，有一个美丽的普米村庄瘟疫流行，加之虎豹豺狼横行，生灵涂炭，村民们人心惶惶，打算离开这个祖祖辈辈生活的地方，远走他乡。就在搬家前夜，山狮子受天神指派，来此地解救生灵。当第一声鸡鸣传遍了山谷，狮子雄浑低沉的怒吼撼动着大地，好似千军万马在搏杀，随着东方的天际霞光万道，天地重归平淡幽静。呈现在人们眼前的是害兽尸体横陈遍野。远方的山脊上，山狮子身披金辉，威严傲然的身影若隐若现，身上长着的树林在微风中缓缓摆动，通体翠绿如一块晶莹剔透的碧玉，似乎在向人们颔首致意。后来，人们为了纪念山狮子的再生之恩，就把这个地方命名为“玉狮场”，从此人们过上了安居乐业的日子。

2. 家在女儿国——泸沽湖

如果说，老君山赋予普米族男儿的气概如高山雄浑、青松挺拔、血性阳刚，那么，泸沽湖则是以一泓天荒地老永不干枯的碧水，滋润着普米女儿的灵性和水样年华。

泸沽湖位于川滇交界的万山丛中，是普米族的主要聚居区，素有“高原明珠”之称。湖中各岛亭亭玉立、形态各异，林木葱郁、翠绿如画，身临其间，水天一色，清澈如镜，藻花点缀其间，缓缓滑行于碧波之上的猪槽船和徐徐飘浮于水天之间的民歌，使其更增添几分古朴、几分宁静，是一个远离喧嚣，未被污染的处女湖。

当地普米人中流传着泸沽湖的传说。

远古时候，在永宁地区有一个青山环绕的盆地，那里水草丰美、土地肥沃，普米先民们在此耕种、放牧、纺织，日出而作、日落而息，日子过得很安宁。

村里有个孤儿，每天到狮子山去放牧。有一天，他在山上一棵树下睡着了，梦见一条大鱼对他说："善良的孩子，你多么可怜，从今往后，你不必带午饭了，就割我身上的肉吃吧。"小孩醒来后，就到山上寻找梦中的大鱼。他找啊找，终于在一个山洞里发现了那条大鱼，他割下一块鱼肉烧着吃。第二天，他又去了，奇怪的是，昨天割过的地方又长满了肉。

这事被村里一个贪心的人知道了，他要把大鱼占为己有，就约了一些贪财之徒，用绳索拴住鱼，驱赶着九匹马、九头牛一齐使劲拉，鱼被拉出洞时，灾难也就降临了。洪水从那个洞里喷涌而出，顷刻间淹没了村庄。

那时，有一个女人正在喂猪，两个年幼的孩子在旁边玩耍，母亲见洪水冲来，急中生智，把两个孩子抱进猪槽，自己却葬身水底。两个孩子坐在槽里随水漂流，最终成功逃生，后来，他们成了这个地方的祖先。人们为了纪念那位伟大的母亲，就将整段木头做成"猪槽船"，泸沽湖被称为母亲湖。

泸沽湖，宛如一颗洁白无瑕的巨大珍珠，镶嵌在祖国的西南部。她那如诗如画的旖旎风光，是那样惹人瞩目，使众多游客的目光投向这块神秘的土地。泸沽湖被当地摩梭人奉为"母亲湖"，也被人们誉为"蓬莱仙境"。

泸沽湖，当地人称"谢纳咪"，意为大海、母湖，从高处鸟瞰，如

一只展翅的飞燕，这里牧草丰盛、牛羊肥美，在那茂密的原始森林里，珍稀动物出没其间。湖畔阡陌纵横，田园万顷，木楞房舍，炊烟袅袅、牧歌阵阵、渔火点点，阿哥阿妹结伴相随，在这里，一切都是那么神奇，那么古朴，无论是成丁礼、阿夏婚、母系家庭、丧葬，都是绝无仅有的。每个礼仪，每种风俗，都是一个个优美动人的故事，一支支悠扬动听的牧歌，无不充满几分神秘、几分浪漫、几分诗情画意，从而给人以无穷的遐想与思忆。

泸沽湖 （姚金林摄）

3. 青山在、人未老——普米族的生态文化

普米族是很敬畏大自然的民族，普米族居住区的地方大部分是高山、陡坡、草甸、密林、鲜花、江河、湖泊，在普米族神话故事“直呆南木”中，传递着对大自然的崇敬、保护、信仰、热爱等生态环境保护观念。普米族的环保意识与生俱来，普米族居住的地方空气没有污染，生态没有破坏，山四季常绿，水清澈见底，普米族敬畏自然之心亘古有之，普米族韩规教中的神山、神水、神树，把所有的山川、江河、湖泊、树林都加个神字，山有神山，树有神树，洞有神洞，湖有神湖，甚至连石头都带上神的说法，普米人对大自然怀有敬畏感、依恋感，大自然是衣食父母，没有大自然，谈何有普米族？

普米族生态文化的精髓是谋求人与自然、人与万物生灵之间的和谐共荣。在普米族祭山神的诵词中说："我们用钢刀来驱赶侵扰你的魔鬼，用生命来保护你，杀死人间万恶之徒，以免除对你的伤害，保佑你青山长存，绿水长流。"

普米族传统文化最光辉的章节是生态文化，从日常习惯法到浓缩人间百态的韩规教教义，将追寻人与自然生态的共生共荣、和谐互动视为至高至善的生存法则。通过宗教仪规、民俗活动、祭祀、禁忌、日常习惯法等方式，把对自然万物物化成精神层面的文化积淀，认为自然万物皆有生命和灵性，人们要加以珍惜和保护。普米族传统文化中对生态文明的崇尚，即使在今天看来，依然闪烁着理性的光芒和积极进取的现实主义。尤其需要指出的是，这是一种"活着"的文化，在今天依然为普米人遵循和礼赞。普米族的传统文化实质上突出了人与自然万物和谐共处的理念。正是这种千百年来约定俗成的传统，维护着普米族地区的生态平衡，守护住了一方净土。

普米族散居于方圆上万平方千米的川滇交界的老君山、小凉山、泸沽湖周边的山林腹地，绵延不绝的群山，构成普米族地理图谱，普米地区有山就有山神，有水就有龙神。普米族以氏族为单位划分山林，将山林分为"水源林"、"山神林"、"风水林"等，严禁砍伐。各户起房盖屋，需采伐责任林地内的木材时，也得经过氏族长老的批准方能砍伐，这种社会结构为普米族生态文化的发展，提供了强有力的社会保障。

普米族在历史上走过漫长的迁徙之路，普米族视历史上居住过的山为神山，如天的山神、地的山神、普米四大部落的山神、国家山神、国王山神、土司山神、氏族山神、村寨山神等，在民间祭典中，将迁徙路线中经历的名山大川串联祭祀。

普米族韩规经文中提到，谁破坏了生态，会做噩梦，梦见人间变成地狱：

> 尊贵的山神啊，祈求您别兴恶风暴雨，祈求您别降冰雹，祈求您别冻死牲畜，祈求您别让草木枯萎，请您赐给大地风调雨顺，请您赐给大地丰美水草，让人畜繁衍兴旺。

普米族地区大都山清水秀、草茂粮丰、六畜兴旺。普米族生态文化是他们在与自然长期和谐共处的历史进程中形成的。寄托了对养育庇护普米人民的山川大地的敬畏和礼赞，传递出对人类赖以生存的自然生态的深切关注和命运亨通的庄严祈祷。

同样，普米族习惯法关于生态保护方面有具体的约定。习惯法为不成文的法律，新中国成立前，普米族之习惯法在一定程度上反映了该族社会现状的一些特点。生态保护方面的习惯法对村寨周边的山岳水系的保护作出了明确、具体的规定。例如，失火而引起森林火灾，视受灾面积大小赔给主权人树木款或把自己的森林地按面积划给受灾方；菩萨山为当地几个村民烧香之地，烧香堡周围的树木禁止砍伐，如发现有人砍树，则每砍一棵罚栽五棵，另罚酥里玛酒一坛、白酒十斤、酥油三斤、茶叶一筒、青稞糌粑面五斤、荞泡花三升、牛奶五斤、白牛一头、白羊一只、白鸡一只，用以祭山、放生。

四、毗邻而居、永世友好——普米族地区人文环境

自古以来，横断山区就是众多民族南来北往、频繁迁徙和活动的场所，同时也成为西北与西南古代各民族沟通往来的孔道，被社会学家称之为“民族走廊”，世居于此的各民族人民唇齿相依、休戚与共、热爱和平，共同携手缔造了多元一体的中华文明。

普米族神话故事说，普米族、藏族、汉族、纳西族是四弟兄，同

为人和神的后裔。纵观整个普米族的历史，其实就是一部普米族同周边民族的关系史。普米族是个小民族，它之所以能历经千百年的历史变迁依然生生不息，这与普米族能同周边民族友好往来、相互支持、共同发展是密切相关的。与普米族关系密切的周边民族主要有汉族、藏族、纳西族、彝族、白族、傈僳族等。

1. 同汉族的关系

普米族属古羌遗裔，在我国古籍中把羌族和华夏族的祖先并列同出，其实为同源异流，这既说明了两者的历史同样久远，也说明相互关系的密切。事实上，普米族对华夏族（今汉族）的称呼自古到今为一致，即称“夏”。由此可见，普米族先民与汉族先民开始交往的历史，可以追溯至遥远的先秦时代。

明、清之际，受中央王朝派遣，或由于经商、逃荒等原因，大批汉族涌入普米族地区，使得汉族文化不断传播进来，成为促进普米族地区社会变迁的重要动力之一。普米族中除普遍出现改用汉姓和汉名、学讲汉语、唱汉调外，有的地方甚至出现了私塾形式的教育。尤其在兰坪等地，普米族的许多风俗中，逐步吸收了不少汉族的习惯和信仰，如祖宗牌位的书写，丧葬中改火葬为土葬，使用狮、象、鹿、马等模拟偶像送葬，中元节烧包祭祖等，少数村寨还出现了汉地佛教和道教的宗教信仰。

2. 同藏族的关系

普米族与藏族有同源异流的关系，也可以说是同一个古老民族的两个重要分支。他们之间从古至今一直保持着一种天然的相互尊重与信赖的亲近感，这种信赖感和亲近感是历史形成的。

上古时代，普米先民就与藏族先民共同居住在甘、青、川民族走廊一带，其生活方式、经济类型和文化信仰相仿。至宋末元初，生活在川西南的部分西番随蒙古军南下，到达今香格里拉、维西、丽江和

兰坪一带，并在该地方定居下来，随后独立发展而形成单一民族——普米族。留居西康境内的普米西番，由于人文地理环境及时代的影响，除去与藏族的政治、经济和宗教信仰极相似外，居住、服饰和习俗也多半相同，以致汉文史籍中常把西康境内的西番视为一个整体，不加分别。这些普米西番，虽保留有本民族的风俗习惯，但受藏族文化的影响很大。

普米西番历史上与吐蕃关系甚密，随处可找到两族间文化交汇和相容之例证。如藏族的苯教，很早就对普米族韩规教的形成和发展产生了深刻而广泛的影响。此外，藏传佛教也随着吐蕃势力的东扩传入普米族地区。此间，藏传佛教之各教派在滇川藏交界一带广为传播，普米西番聚居所在的木里、盐源、宁蒗等地兴建了不少寺庙。为了便于这里的喇嘛入藏深造，木里西番甚至在拉萨修建了相当于驻藏办事处的“扎苍”，普米西番子弟纷纷长途跋涉入藏学习，涌现了不少著名活佛、高僧和艺人。

3. 同纳西族的关系

在普米族的所有对外民族关系中，普米族与纳西族的关系最为密切。历史上，这两个民族的先民中，有相当一部分人共同起源于古代氐羌族群。在纳西《东巴经》中也多次提到普米族与纳西族同居一地，以及两个民族友好交往的种种情形。如《东巴经》中称普米先民“巴人”是“长有七张舌头、能说善辩的人”，纳人（摩梭人）曾向巴人学习工艺文化等亦载之甚详。

滇川交界的泸沽湖周围是普米和纳西族杂居区域。当地有一句俗语说“巴、纳日、知根恨尼”，意为普米和纳西是一块土地上的人。明、清以来，永宁土司多为纳人担任，但普米族在永宁有特殊地位。如前所说，他们的祖先曾有功于永宁知府这一区域内，西番与摩梭千百年来交错杂居在一起，相互通婚，日常生活习俗、民居建筑以及节庆等相似处也逐渐增多，以致在外人看来难分彼此。

4. 同彝族的关系

普米族与彝族关系也十分密切。根据彝族毕摩经《勒俄特依》的记载和民间传说，“汉干”（汉族）、“俄作”（普米族）、“诺苏”（彝族）是亲兄弟分衍出来的。后来三兄弟要分居，共同商定，在地上打记号为界：“汗干斯叠突”（汉族用木桩号地），“诺苏日伙提”（彝族用茅草号地），“俄作噜博图”（西番垒土块号地）。划好后，因烧山开荒，一把火将茅草烧光，打的记号都没有了，木桩仅留下烧剩的几棵，石块却依然存在。因此，“俄作”（西番）占了大片好地，“汉干”（汉族）只得一部分，彝族无地，只得离开原来住的地方，去寻找新的居住地去了。

普米族与彝族历史上同属于羌人后裔，经过长期的发展，各具有民族特征。民国时期，彝族迁居云南小凉山时，他们中的大部分人向当地摩梭土司和普米族山主租种山地。长期以来，由于普米族居住在山谷两岸的半山缓坡，彝族多住于高山适于放牧的密林中。两个民族比邻而居，相互之间交往增加，互接“亲家”或“保爷”关系，忠诚相待。

5. 同白族、傈僳族的关系

普米族与白族、傈僳族的关系也十分密切。宋宝祐元年（公元1253年），忽必烈亲率蒙古军南征大理，拥有良马而又善骑射的普米人随军进入云南，开始与白族、傈僳族接触与交往。近现代以来，在诸族间杂居的现象也很普遍。杂居区内的普米族受白族、傈僳族影响也深。如兰坪、丽江一带的普米族，明、清以来就陆续吸收了白族语和白族歌调，彼此间往来唱和、情谊甚笃。此外，他们还吸收了白族的饮食、服饰和建筑等文化。特别有象征性的事情，是自民国以来，兰坪等地的普米族还建有仿白族宗教文化的“本主庙”和“观音阁”

等。又如居住在兰坪、石登等地的普米族与傈僳族，共同居住的历史已达二三百年之久，交往密切。天长日久，促使这部分普米人不仅语言融合在傈僳语之中，而且在生活习惯上也早已与傈僳族大同小异了。

第二节　小民族、大智慧

普米族是于1961年经过民族识别后，由国务院正式确认的一个少数民族，2010年第六次全国人口普查资料显示，普米族总人口为42 043人，其中：男性人口21 055人、女性人口20 988人；与10年前的“五普”相比，普米族人口增长了8443人，增长率为12.51%，平均年增长率为1.14%。

普米族在全国的31个省、自治区、直辖市中均有分布，绝大部分集中聚居在云南省，据“六普”资料显示：从各年龄段的人口比例看，少年儿童人口（0～14岁）比重为24.01%，劳动年龄人口（15～64岁）比重为70.00%，老年人口（65岁及以上）占5.99%，与2000年相比，少年儿童人口比重下降了5.21个百分点，劳动年龄人口比重增加了4.30个百分点，老年人口比重增加了0.91个百分点，人口呈现老龄化态势。

从受教育程度看，现普米族每万人口中，拥有大专及以上文化程度的人数为717人，高中文化程度的人数为901人，初中文化程度的人数为2544人，小学文化程度的人数为3610人。

“宁可饿着肚子，也不让孩子当睁眼瞎”，新中国成立后，普米族教育得到长足发展，尊师重教蔚然成风，供养子女读书成为家庭的头等大事。就是家里只剩下一只老母鸡，也要卖了交学费。正是因为这样，普米族在生活贫困、环境不利、教育条件差的情况下，受教育的程度仍普遍高于当地的其他民族。人口素质在云南省各民族中名列前茅，《中国民族》杂志刊载的《一面新的镜子——PQLI最新人口研究方法下的少数民族》一文中指出，1979年，美国海外开发委员会客座教授大卫·莫里斯认为，“人类发展指数”应当由婴儿死亡率、1岁预期寿命、成人识字率和平均受教育年限四项相关指数的平均值构成，国际上用PQLI代替“人类发展指数”，并把0视为最低值，最高值为100，普米族为64.7，达到中等生活质量指数。

第三节 安居乐业 重视生机

普米族人口的地理分布是在过去几千年的历史进程中逐渐形成的。到清代和民国时期，其基本面貌已大致稳定下来。新中国成立后，特别是改革开放以来，随着经济社会的巨大变化，人口再分布渐趋活跃，再加上受人口自然变动及民族成分恢复、更改等多方面影响，人口总量均有快速增长，人口分布状况与过去相比发生了不小的变化，但其基本格局和特点则一直保持下来。

一、普米族高度集中于传统区域内，近年来集中程度已趋于减小

普米族主要分布在西南地区，人口分布的显著特点是聚族而居，高度集中。基本上全部集中在云南省的几个县，甚至几个乡内。在全省的地理分布很不均衡。人口分布的离散度要小得多，集中分布在很小且生存条件相对严酷的空间范围内。新中国成立后，尤其是近一二十年，普米族的发展环境发生了巨大变化，他们越来越多地从偏僻遥远的山寨走向全国，离散度因此持续上升。

虽然总的说来，普米族离散度很低，但与新中国成立前的封闭状态相比，是完全不可同日而语的，近一二十年的变化则尤其明显，其

地理分布空间有了显著的扩大。

二、普米族中农业人口占绝对优势，城镇化水平很低

受社会经济发展水平制约，普米族均以农牧业为生，工业化水平很低。受历史、所居住地区的地理环境等多种因素制约，普米族经济活动均以第一产业占绝对优势，农业人口在总人口中均占了极大比重。且由于普米族以农牧业为主要生计，大都居住在乡村，城镇化水平很低。

三、普米族人口迁移流动率较低，人口分布相对凝固化

自改革开放，尤其是发展社会主义市场经济以来，中国的人口迁移流动得到了空前的大发展，产生了良好的社会经济效益。但普米族受制于经济、文化水平，以及语言和生活习惯上的差异，人口迁移流动率比较低，而且普米族居住在西部高原山区，远离东部沿海几个最主要的人口吸纳区，因此受到了不小的限制。普米人较少离开出生地，即使离开，也多为近距离，出省者较少，充分反映出人口分布的凝固性。

四、普米族人口迁移流动主要趋势是自乡村流向城镇

人口迁移原因分为务工经商、工作调动、分配录用、学习培训、拆迁搬家、婚姻迁入、随迁家属、投亲靠友和其他九种，其中前四种可合称为经济性原因，后五种可合称为社会性原因。与汉族相比，普米人流动的经济性原因所占比重较低，社会性原因所占比重则较大。在社会原因中，婚姻迁入在普米族的人口迁移中占有很突出的地位，随着全国范围内人口迁移流动大潮的涌动，普米族女性远嫁到相对富裕的汉族地区的数量迅速增长。

普米族人口分布和人口迁移的基本特点是在长期的历史发展过程中形成的，与当前的社会经济状况也有着非常密切的联系。在21世纪中国迈向现代化的进程中，应该高度重视普米族人口分布的问题，其重点：一是加速人口城镇化，促进人口迁移流动的发展，以利于改变生产方式，提高人口素质，适应现代化的新形势。二是要高度重视山区少数民族人口合理再分布的问题。应针对广大山区人口超载，生态失衡，存在较多难以根本改善的不利条件的情况，调整山区与平坝的人口比例，通过多种途径，逐步、适度、有序地引导山区特别是高、深、偏、远山区的剩余劳动力和人口更多地向外部转移，以减轻人口压力，促使人口、经济和生态环境早日走向良性循环。2001年，国家在云南启动了“易地扶贫搬迁试点工程”，帮助丧失生存条件的50万户山区贫困农民（包括普米族）异地搬迁，重建家园。但应该看到，迄今为止，仍存在不少普米族农村贫困人口，亟须采取多种措施，包括人口迁移，来改善其生存发展条件。

第四节　“大分散、小聚居”的分布特点

普米族地理分布上的显著特点是“大分散、小聚居”，一般为同一氏族居住在一个自然村落，往往与其他民族毗邻而居，或者杂居。这种独特的地理分布特点，是由普米族独特的历史和西南山原地理环境形成的。

普米族是1961年经过民族识别后，由国务院正式确认的一个少数民族，共有33 600多人，主要集中居住于滇西北。其中23 000人居住在兰坪白族普米族自治县和宁蒗彝族自治县，其余分布在玉龙、维西、永胜、香格里拉、云县等地。据2000年第五次全国人口普查数据显示，兰坪普米族有14 124人，主要分布在通甸、河西、金顶、拉井、

石登营盘、春龙镇等地；宁蒗有普米族9725人，主要分布在翠玉、永宁、拉伯、新营盘、红桥、西川、金棉、宁利、战河和大兴镇等地；玉龙县有普米族5020人，主要分布在鲁甸、石鼓、鸣音、宝山、石头、九河、太安、奉科和大研镇等地；维西县有1288人，主要分布在攀天阁、永春等地。永胜有普米族991人，主要分布在团街和松坪等地；泸水县有普米族207人；云南省南部云县境内有116人；大理白族自治州洱源县境内有60余人。此外，四川省凉山彝族自治州木里藏族自治县、盐源县和甘孜藏族自治州九龙县等，也有普米人分布。

“大分散、小聚居”是普米族人口分布的一大特点。不过从地理上看，北起四川甘孜州九龙，南到云南怒江州兰坪的广大区域，基本上是连成一片的。在同一区域，普米与彝、藏等民族分居山区，坝区和河谷地带的居民则多是汉、白、纳西、傈僳等民族。相互交错杂居对各民族经济文化的交流，具有积极的促进作用。

第五节　幸福的普米人

如前所述，新中国成立前的普米人历经磨难从兴盛走向衰败，在中华人民共和国成立前夕，走到了灭族灭种的边缘。而后因中国共产党的拯救，获得了新生。“普米”作为一个单一民族屹立于中华民族之林，随着国家民族区域自治政策的实施，云南省普米族聚居地区成立了普米族自治县、自治乡等政权组织，普米族人民充分享受到了党的民族政策带来的实惠和幸福。

新中国成立以来，普米族教育得到长足发展，尤其是改革开放三十多年来，随着普米族地区教育事业的发展，专业技术队伍得到迅速成长。迄今为止，普米族有了自己的教授、研究员、作家、诗人、主任医师、高级会计师、高级工程师、高级经济师、高级农艺师、主任记者等一批专业技术人才，他们甘于寂寞、辛勤耕耘，为民族敢于呐喊，他们是民族的光荣、祖国的骄傲。

据1990年人口普查统计，兰坪县普米族6岁以上人口中，受过小学教育的占41%，受过初中教育的占12%，受过高中和中专教育的占1.8%，大专以上占0.5%。仅兰坪普米族教师就有438人，占全县教师的1/3。早在1996年，兰坪普米族聚居地区就有7所中学、32所中心完小、73所初小，在校学生达2100多人，初高中在校生438人。在宁蒗县，因为政府历来重视文化教育事业，普米族中小学生入学率比兰坪县高得多。1992年普米族人口文化程度统计资料显示，普米族每万人口中有19名大学本科生、36名专科生、342名高中和中专生、2304名初中生。2010年，据不完全统计，以上数字实现了翻番。以云南宁蒗县牛窝子阿嘎氏族胡革红家族为例，胡氏家族具有本科及以上学历者18人，其中博士1人、硕士2人、在读研究生2人、处级干部6人。

普米族妇女　（曹文山摄）

普米族是商品意识和开放意识都较强的民族。新中国成立前，普米族就以善于经营大小牲畜和药材而远近闻名。他们在农闲季节组成马帮，奔波于各处的集镇，从事贸易活动。改革开放以后，普米人敢闯敢干、善于经营的才能得到发挥。个体户、小商贩、工商业主、私营企业家、国营企业的厂长经理等不断涌现，成为地方经济发展和群

众脱贫致富的带头人。以兰坪县为例，当地的普米人较早地走上重商之路，一些普通的老百姓有很强的商品意识和吃苦精神，能够自我创业，据统计，拥有10万元以上资产的农户达百余户。还出现了数十位民营企业老板，他们通过艰苦创业、白手起家成为百万、千万甚至亿万富翁，有的还成为云南省内知名的企业家。

新中国不断成长的普米人，素质普遍较好，乐于接受新生事物，敏于洞察世事万变，待人礼貌，处事得体，能歌善舞，做事机敏干练，身体强壮，多能背诵自己的族谱系，懂得习惯法，生产生活自我调节能力较强，是一个接受能力和生存能力都较强的民族。这主要得益于新中国成立以来生存空间的优化，生活质量的节节攀升，社会主义思想教育和改革开放政策成功实践带来的实惠。今天，智慧勤劳的千千万万普米人，正在为普米族和普米地区更加美好的明天而奋斗不息。

第四章

异样的风景

第一节　黄金钥匙配金锁——父系家庭

在普米族的历史长河中，经历了由母系制到父系制、由群婚到一夫一妻制的发展过程。到新中国成立前，普米族的大部分地区都建立了父权制家庭，实行一夫一妻的婚姻。在宁蒗和永胜地区盛行大家庭(其中多数是父系家庭)，其他地区多为父系小家庭。只有居住在泸沽湖畔永宁地区四五个村的普米族，在当地纳西族（摩梭人）的影响下，流行走婚和母系制，与父系制的婚姻形态并存发展。各地普米族社会发展不大平衡，受各民族影响也不一样，普米族婚姻家庭呈现出不同类型，其独特的婚姻类型显示出婀娜多姿、异彩纷呈的特点，可谓中华民族婚姻大家庭中的一朵艳丽奇葩。

一、一夫一妻制

父权制确立以后，婚姻以一夫一妻制为主，实行男娶女嫁，从夫方居住的单偶婚。通婚限制比较严格，普遍遵循氏族外婚的原则。按普米族的古老习俗，父系同姓不婚，母系同根也不婚，双系血亲都在

禁绝之列。后来他们感到通婚范围越来越小，配偶困难，便扩大通婚范围，并立新规：父系九代外可另立家谱，另取姓氏，分成不同的两姓后可通婚。幼子一支继承祖姓，分姓的可另取。母系则七代后可以通婚。由此可见，普米族是先实行母系氏族外婚，后来才实行父系氏族外婚。

新中国成立前，氏族外婚的主要形式是由父母包办的姑舅表婚。因此，普米族认为姑妈的女儿自然是舅父儿子的配偶，或舅父生的女儿就是姑妈儿子的配偶，他们有优先婚配的权利。只要男方求婚，女方一般是不能拒绝的。兰坪地区姨表之间也可以通婚。通婚双方有三代续娶的风俗，称为“亲三代”。许多儿童在13岁以前，便由双方父母（多为姑舅双方）协商，定了婚约；有的小孩刚生下几天或满周岁就被定了配偶，这强烈地表现出民族内婚的特点。居住在高地的普米人，一般是不与异族结婚的，尤其不与彝族通婚，与其他民族通婚的也很少。

一夫一妻制婚姻是普米族婚姻制度的主要类型。这种婚姻形态的由来，普米族创世古歌《开天辟地》是这样说的：

远古时代的普米人，没有等级贵贱之分，“鸡蛋一样大，普米一样大”，人人都一样。后来，普米人学猴群分化成不同的群体和等级，于是有了族长和伙头，族长和伙头讨了老婆后单独住在一起，过起甜蜜美满的日子，大家纷纷开始娶妻分家，两口子建立独立的小家庭。从此，五湖四海，到处是一夫一妻的家庭了。

二、父系家庭

普米族的父系家庭分为两类：一类是父系大家庭，一类是父系小家庭。另外，在云南宁蒗县的永宁地区，有少数母系家庭。

1. 父系大家庭

大部分地区的普米人实行农耕定居兼营畜牧，男子在生产和社会上逐渐占据主导地位，女子由家长变为从属。在永胜和宁蒗等地，普米人多系父系大家庭。如永胜松坪乡木呆弓村赛奔家，汉姓熊，是一户比较典型的父系大家庭。该户共 40 余人，8 兄弟都结了婚，合住一大幢四合院瓦房。一对夫妇率其子女拥有两三间住房，在宽敞的正屋中，按普米风俗设一个大火塘，是全家聚会之所；煮茶以小家庭为单位，夫妻俩一个茶罐，在火塘旁摆 8 个茶罐，象征着这个家庭人丁兴旺。大家庭有内外两个家长，家长由老大长贵夫妇担任。由他们安排生产、生活、对外联络、迎宾待客、计划开支等。劳动有分工，由一对夫妇管羊场、一对夫妇管牛场，家中杂务由一对夫妇负责，其他人干农活。在农闲季节，由负责农活的男子去赶马经商。

纺麻　（曹文山摄）

家庭内务，由长贵的妻子担任，主要是安排饮食和为全家人缝制衣着，每日三餐的炊爨由8个媳妇每人轮流做一个月，因人口多，锅灶都很大，煮饭的甑子还要两个人用扁担往下抬，所以，进餐是按小户打份饭，由父母率其子女共食，菜按人平分，主食多退少补，年节时集中供餐，按人分份。出门在外的人，要尽量归来团聚，赶不回来的也要分一份肉食，为他摆一副碗筷，以示同享，不忘骨肉。穿的是自织的麻布，每人每年一套新衣，有特殊需要的另行安排。孩子凡可以劳动的随父母出工，儿童留在家里，由内当家和该月负责炊爨的媳妇照应，乳婴由母亲带领。该户人多劳力强，分工合作搞生产，不雇工，也不出租土地，自给自足，生活比较宽裕。但在新中国成立前的十几年，家庭因遭火灾，财产毁于一旦，老一辈的人相继亡故，小一辈的也相继夭折，8兄弟的后裔只剩下3户，该户盛况不复存在。

普米族大家庭的家长并不独断独行，日常事务由他主持，重大问题由全家聚会商讨决定，家长由父亲和长兄担任，受到全家成员的尊重。

2. 父系小家庭

新中国成立前夕，普米族的父系制地区大多是小家庭，平均每户四五口人，比父系大家庭的人口少多了，家庭由男子传宗接代，继承财产，女子是外姓之人。因此，男子是当家人，掌握家庭的经济大权。买卖牲畜，修建房屋等大事，都由男子做主。

逢年过节，只能由男子祭祖敬神，男子外出的要尽量赶回来，以对神尽职。如果男子因故不能赶回，或是男子已经去世，妇女也不能祭祖，需请家门中的叔伯来帮助。

普米族父系制地区男尊女卑的现象较普遍。社会活动、调解纠纷、集会议事、打冤家等，都只有男子能参加。生儿育女、勤俭持家、计划用粮则是女人的本分。如果妻子不育，丈夫可以再娶。男子是农业劳动的主力，从事的劳动主要有犁地、耙田、砍木材、修建房屋、编竹器、做木工、打铁、做生意等。女人则从事辅助性的农活和日常家庭琐事，如下种、薅草、背粪、堆肥、收割、砍柴、喂猪、推磨、舂米、背水、煮饭、纺织、缝纫等。

由于普米族生活在高寒地区，人口稀少，一般是不缺土地耕种的，房屋也比较宽大。每当男子到结婚年龄，父母就要为自己的儿子建造新居，做分家的准备。分家时一般都请村中的老人做中介人，也要请已嫁的姐妹参加。按照惯例，财产由儿子平均分配，幼子得祖母房，父母为分出去的儿子准备一些家具、生产工具和粮食。对父母的供养，在分家时当众议定，要做得合情合理，无子之家可招赘，也可从家族中过继养子，权利义务与亲生子等同，绝嗣户的遗产归家族继承。

第二节　回归女儿国——母系家庭

现在，普米族母系家庭只存在于云南宁蒗泸沽湖畔实行走婚的几个村寨，是由同一始祖母的后裔组成的。

走婚的渊源：普米族被当地纳西族摩梭人同化，接受了他们的婚姻家庭形式，原来的父权制发生了逆转，母系制下的走婚得以流行。据说，当地普米族曾实行严格的一夫一妻制，偶尔发生通奸事件就要引发械斗，对私生子要处死，永宁地区末代总管阿云山支持走婚，告诫普米人不要械斗了，私生子也要养活，人口才能发展。从此，当地普米人就开始走婚。

走婚，即男不娶、女不嫁，男子在晚上到女方处住宿，次日晨离开，走婚双方不组成家庭，只是阿注，即朋友关系。阿注在普米语中

是泛称朋友，可泛称男女朋友。

走婚双方没有共同的经济生活，不同吃、也不共同劳动，女子是主人，男子是过客，双方有了小孩后，养育子女的职责完全由女方承担，走婚双方不受婚姻约束，聚散自由，好合好散，完全出于自愿，若出现感情危机或其他原因，可单方面中止阿注关系，意味着走婚走向了尽头。

走婚的婚姻生活终止得都比较早，尤其是妇女，上了年纪后，生活中心逐渐转移到安排全家的生产生活、养育儿女和操持家务上了。也有的妇女虽然和男方偶有来往，也只是老朋友关系，婚姻生活不再继续。只有那些既不是女家长，又没有子女的妇女，婚姻生活终止稍晚，男子在终止阿注生活后，回到自己家居住，与兄弟姐妹的子女们一起生活，照顾甥儿女，安度晚年。

亲兄弟姐妹属于同一个家庭，如果没有分开居住，姐妹的子女仍然是属于同一个家庭。由于是走婚制，母系家庭中不包括本户男女成员的配偶，他（她）们的配偶都住在各自的母亲家里，本户的成年男子晚上都住到女阿注家。姐妹所生的子女是这个家庭的继承人，而兄弟与其阿注所生的子女不属于这个家庭的成员。每个人都有自己的母亲和家庭，而生父却是“局外人”。在生父与母亲维持关系期间，孩子称他为舅舅，在他与母亲断绝关系后，父子间相见如同路人，互不相认。

孩子是在母系亲长的爱抚下成长的，他们把母亲所有的姐妹都称母亲，而母亲把家庭成员的子女都当作自己的子女一样对待。子女之间全以兄弟姐妹相称呼，而且不分亲疏，情同手足。孩子们最亲的男性亲长是母亲的兄弟。他们对甥儿女有抚育的责任，他们年迈时，甥儿女也要负责养老送终。在母系制下，母系的血亲关系是不可分割的，谁要丢弃母亲和她的亲人，就是最大的不道德。

母系家庭的家长，一般都由母亲或长姐担任，家长对内对外都代表家庭，主持生产、生活和祭祀。她是家庭的核心，关心着每个家庭成员，也受到全体成员的尊重。

纺织 （姚金林摄）

家长除计划生产和分配消费外，对每个成员的婚姻生活也要关心。按母系制的传统观念，家庭的财产归家庭成员集体所有、集体继承、集体使用，包括土地、牲畜、房屋、生产工具和日用器皿。至于个人的衣服饰物等，则是母传女、舅传甥。贵重物品则由家长保存，需要者都可以取用。在母系家庭中，没有因遗产引起纷争的事件，一切都按传统习惯自行解决。即使在人口过多，需要分家析产的家庭，相互也不计较。

普米人很重视维护家庭的团结。以和睦相处为荣，以闹家庭纠纷为耻。母系制地区的人们认为，女子是家庭的根，她及子女应永远留在家里。在财产继承上，虽然主要是母女相承，但男子在母系家庭中，与姐妹有共同继承家业的权利。

在母系制度下，阿注婚所生的子女只属于母亲。按传统习惯，男子无抚养儿女的义务，但有抚养甥儿女的责任。因在母系制度下，儿童并不属于母亲个人，而是属于母亲的整个家庭，她（他）们都是家庭的继承人，将来也要赡养家庭的所有长者。舅舅把甥儿女都看成是自己的亲骨肉。

母系制地区的普米人，对父亲的血缘关系还是承认的。如在女阿注分娩后，男方有认母子的风俗。但并不是每个男子都要这样做，而只是在男阿注希望与女方继续维持关系、增强感情联络时，认子不由男阿注出面，而由他的母亲和姐妹代劳，这种相认并无法律的约束力，一旦双方反目，一切关系中断。只有在父母的感情甚好、生父与子女也有了一定感情的情况下，生父年迈后，子女有时也携带礼品去看望，但他们和生父不是一家人。

在特殊情况下，例如，男方家庭缺后代，在征得女方同意后，男子可以从女方领养自己的子女。现在，历史走到了新的千年，普米族婚姻中的另类——残留在云南泸沽湖畔的走婚，在现代浪潮的冲击下，处于风雨飘摇之中，似乎已走到历史尽头。毕竟走婚与现代婚俗、国家法规相去甚远，走婚是人类原始群婚制的活化石，历史早已证明，从原始群婚制到一夫一妻制的漫长演化，预示着人类的进步和文明，假以时日，普米族残存的走婚制必将不复存在。

第三节　异样的风景——婚俗

普米族在婚姻形态上传承了远古游牧时代遗风，充满了奇风异俗。新中国成立后，随着《婚姻法》的实施和现代文明之风的吹拂，普米族的婚俗逐步迈向自由、文明、理性和法制化，野蛮的抢婚习俗被彻底废除。其他，如不落夫家、转房婚、换婚、订娃娃亲等愚昧烦琐的婚俗陋习日渐式微，普米族婚俗正悄然发生变化。

一、“不落夫家”的习俗——“三回九转”婚

在极少部分普米族的婚姻习俗中，仍保留着“不落夫家”的习俗，婚后第三天，新娘返回娘家“回拜”，并长住娘家，过起不落夫家的生活。一年后，男方要第二次去迎娶，可新娘在婆家住上几天，又偷偷地跑回娘家。第三年，男方再次派人接回新娘，此时，新郎新娘才开始真正的夫妻生活。第三次迎新娘时，如果新娘对新郎不满意，便拒绝去婆家，迎亲人也没有办法。不落夫家时间可长达二十年不等，凡怀孕后则长住夫家。

在新娘第三次至婆家时，新郎要使她早日受孕，而新娘此时仍要设法返娘家。如果她受孕了，娘家就要通知男方举行坐家仪式。普米族的规矩是女儿怀孕后不能在娘家生活，更不能在娘家生孩子，所以妇女一怀孕，必须定居男家，成为正式的妻子。

按照旧时习俗，姑娘婚后起码要三回三转，甚至七回八转。男家每迎娶一次，她就逃回一次。民间认为，如果一迎二娶后就坐夫家，那是一件不光彩的事。这种婚俗，当地人称之为“三回九转婚”。在这种传统习俗的影响下，即使女方愿意坐夫家，通常也要按四次迎娶的老规矩办，否则就会遭众人耻笑。

由于普米族妇女长期不落夫家的婚姻习俗，一般妇女到男家生活得较晚，男家姐妹出嫁的时间也较晚，日常家务一般由长姐主持。因此，在家庭中，长姐往往都享有较高的威信和较大的发言权。在父系制地区，舅父的地位也是很突出的，普米族谚语有“舅父一层天”的说法，对舅父的意见要十分尊重。因此，兄弟之间若遇到难以处理的问题，往往都请舅父或长姐调解处理。

二、抢婚习俗

旧时，有的地方还保留着古老的“抢婚”习俗。“抢婚”习俗可分为三种类型：

其一，“抢婚”是相爱的青年男女因婚姻受阻而采取的一种“生米做成熟饭”的结婚方式。男女双方事先暗中商定婚期，结婚那天，姑娘仍若无其事地外出劳动，男方则派人暗中跟踪，看准时机后突然抢夺，抢到姑娘后便高声呼喊：“某某人家请你去吃茶!”姑娘佯装反抗，亲友们闻讯后也迅速出击，与迎亲的人展开激烈争夺，由于人多势众，娘家人终将姑娘夺回，然后簇拥她回家，举行隆重的出嫁仪式，尽管女方家长不同意这门亲事，但此时也无可奈何，只好默认。

其二，抢婚人通过内线把新娘抢走时，全村人蜂拥而上，用石块和棍棒打抢婚人，抢婚人要做到打不还手，骂不还嘴，并以好言招呼，献上礼品表示歉意，然后将新娘扶上马带回男方家。

其三，因女方家不同意，男方聚合一帮人马，用武力手段从女方家将姑娘强行抢走，待女方家聚众追赶时，男方人马已走远，无法追回。其间，一般不会发生伤人事件，由于已造成既成事实，女方家只能接受。抢婚习俗在新中国成立后，已经一去不复返。

三、转房婚

丈夫死后，妻子要转嫁给丈夫的同胞兄弟，如同胞兄弟已有妻室或因其他原因不能娶，则转给近房（同一祖父）的兄弟，近房兄弟不要，则可外嫁其他家族，前夫之子女可随其走。

第四节　漫漫人生路——人生四礼

人的一生，从生至死，都有不少风俗，这在普米族地区概莫能外，普米人的一生，始终与古老传统如影相随。普米人热爱历史，崇尚遗风留韵，民间习俗无数，其中最重要的莫过于人生四礼：诞生礼、成人礼、婚礼、葬礼。

一、诞生礼

普米族的诞生礼呈现多样性，在母系制盛行地区与父系制地区大不一样。

普米族对于添丁增口是很重视的，把人的多少看做是家庭能否兴旺发达的重要标志。尤其在父权制地区，男方总是希望新娘早孕，但新娘留恋娘家，往往抵制生育，打胎的事常有发生。新娘一旦怀孕，便意味着居住母亲家里的自由生活将要结束，需要通知夫家来接走。

妇女怀孕之后，母亲或婆婆总要给予指导，如不干重活、防止流产等，也要为即将降生的婴儿做各种物质准备。对生第一个孩子尤其认真。如在永宁地区，分娩之前产妇要移居正房的后室或正房外左侧的小屋（这间后室连接着一个人的生与死：它既是婴儿的出生地，也是人死之后的停尸之所），铺好木板，垫上干草、旧毡子、旧裙子等物，一般由妈妈接生，或请村中有经验的老年妇女帮助。产妇采取坐式或卧式生产。婴儿出生时，接生者用手托出，用剪刀剪断脐带，用旧衣包裹婴儿。由于普米族妇女长年从事繁重的体力劳动，难产的情况很少发生。婴儿包好以后，要检查胎盘是否下地，如未下地，则要轻轻按摩产妇腹部，帮助胎盘下来。胎盘下地后，将产床收拾好，为产妇准备食品。新中国成立以后，有助产士的地方，大都已采取新法

接生。

孩子生下后，一般都给产妇吃白酒炒鸡蛋或酒煮鸡蛋，认为这可以暖腹，而且妇女分娩以后，大都筋疲力尽，酒可催眠，使产妇休息好。普米族十分重视产妇的营养。产妇在坐月子期间，每日三顿正餐，其中两顿吃甜酒鸡蛋就糌粑。他们认为酒、鸡蛋、排骨、猪肘、鸡汤等都是下奶的食品，因此都尽可能地为产妇准备好吃喝。

孩子出生后第二天，孩子的父亲要到岳父家去报喜，送孩子外婆一坛米酒、两个鸡蛋，岳父家也送给产妇鸡蛋、甜酒等。

孩子出生后第三天，就要请释毕、韩规或喇嘛起名字，并给孩子念经，保佑孩子健康成长。这天要给孩子穿上第一件衣裳，并用毡子包裹好。

孩子出生后第九天的日出之时，产妇从屋里往外丢一块燃烧的木柴，然后，她一只手抱着小孩，另一只手持镰刀和麻秆（其上有喇嘛旗），在院内转上一圈，象征小孩子见了天日。

小孩满月时，必须举行一定仪式，称办满月酒，杀一头小猪，煮一大坛酒，请全村老人来吃酒，把孩子抱出来在房屋周围转上一圈。

父权制地区，产妇的娘家要送给小孩衣服，并给产妇送些鸡、鸡蛋、甜酒等食品，以示关心和慰问。主人家在婴儿满月时要杀鸡宰羊，请全村的老妈妈和妇女们吃饭，客人们也要给产妇送鸡肉、酒等食品。产妇娘家送的食品，一般都要分送男方的家族和邻居，一方面表示亲邻好友之间密切友爱的关系，另一方面也反映主人家对添丁增口的喜悦。

在母系制地区，家庭的每个成员都盼望人丁兴旺。因此妈妈对女儿找阿注的事非常关心，而对男子找阿注的事却关心较少。因为男子的婚姻与本家庭人口的繁衍无关。妇女生了孩子，其生父往往在婴儿满月时公开认子，由产妇阿注的妈妈或姐妹送来羊肉、酥油等礼品。

普米族很重视幼儿教育。教育内容一般包括生产技能、习惯法和品德教育。男孩一般由父亲或舅舅管教，女孩由母亲管教。孩子从六七岁开始，就要从事一些辅助性的劳动，教育孩子热爱劳动和善于劳动，是每个普米族家庭的优良传统。女孩上山采集野菜、打猪草、喂鸡、养猪和学习纺线；男孩则从事放牧、砍柴、背粪、收割庄稼等。

孩子很小时就接受尊老爱幼的礼貌教育，逐步做到敬老爱少，分清辈分。在火塘边围坐时，长辈坐上方，小辈坐下方；长辈讲话，小辈要认真听，不能随便插话。普米人有敬老的美德，不仅尊重自己的老人，也尊重村中的其他老人。他们既懂得敬老，也知道爱幼，每个哥哥姐姐都有关心和教育弟弟妹妹的责任。

对子女的教育，是从小孩时开始的，谚语说："小酒缸好盛酒，小孩最爱听话"，母亲教唱的儿歌，是最流行的教材之一，内容突出普米族居住区的地域特色。

要在家里乖乖玩，
马为什么没回来？
是被老虎吃掉了。
牛为什么没回来？
是被牛虻咬跑了。
羊为什么没回来？
是被豹子吓跑了，
小鸡为什么没回来？
是被老鹰叼走了。
小宝宝呀小宝宝，
要在家里乖乖玩，
不要在野外乱跑。

二、成年礼

相传，当年忽必烈攻打云南，路过川西时，有两位年仅 13 岁的普米族少年随军南下，出生入死，英勇善战，深得忽必烈的赏识。后来人们为了纪念他们，同时也为了教育后代，便在每年的新年为 13 岁的儿童举行成年礼，祝福他们健康成长，将来成为有志之士。从此，这种活动便相沿成习，流传至今。

新年期间，年满 13 岁的儿童要举行隆重的成丁礼，即“穿裤子”、“穿裙子”仪式。礼毕后，他们就是成年的小伙子、小姑娘了，就成为社会的正式成员，可以参加社会的主要劳动和集体活动了。进入成年期，他（她）们必须首先懂得普米人的婚姻制度和通婚范围，以便在与异性青年接触中进行区分：一类是可能的配偶，可以任意追求；一类则是自己的亲人，对他（她）们要亲切友爱，但不能开玩笑。

青年人除了学习劳动技能、聆听长辈的社会公德教育以外，还在节日时开展文体活动。男子不但要进行射击、射箭、摔跤、武术等项目的训练和比赛，而且还要学会吹笛子、唱民歌、跳锅庄舞等。这些活动都是从少年时就要开始学习的，所以普米族人人能歌善舞。

旧时，普米人不论男女，在未满 13 岁以前，一般不穿裤子或裙子，仅穿麻布长衫，腰系一条布带。在他们满 13 岁那年，要举行成人仪式，表示他们已长大成人了。从此以后，他们就要改变装束和穿戴。男孩的衣服是右襟短衫，下为长裤；少女上衣为右襟短衫，下为百褶裙，腰系彩带，头上缠牦牛尾编成的假发结。

过年那天，举行成年礼仪式时，在正屋右侧火塘上方的香案上摆些青稞、酥油、糌粑、奶渣、猪油、酤酒（苏理玛），并在火塘的正前右边放一个猪膘，左边放一个装满粮食的麻袋。

女孩的成年礼叫做“穿裙子”，由母亲主持。是时，小女孩走到火

塘右前方的“女柱”旁，两脚分别踩在粮袋和猪膘上，右手拿着耳环、串珠、手镯等装饰品，左手拿着麻纱、麻布等日常生活用品。手上的物品象征妇女将要享受的权利和承担家庭的义务。接着祭师向家祖和灶神祈祷，母亲给女孩脱去麻布长衫，换上麻布短衣，穿上百褶长裙，系上绣有图案的腰带。换上新装的女儿向灶神和亲友叩头表示感谢，亲友馈赠礼品表示祝福。

男孩的成年礼叫做“穿裤子”，由舅舅主持。普米族保留许多母系社会遗俗，舅舅在家中地位最高。小男孩走到火塘左前方的“男柱”边，两脚分别踩在猪膘和粮袋上，右手握尖刀，象征勇敢；左手拿银圆，象征财富。祭师向灶神和家祖祈祷，舅舅把男孩的麻布长衫脱下来，给他穿上麻布短褂、麻布长裤，系上腰带。换上新装的男孩也要像女孩一样给灶神和亲友一一叩头，用牛角酒杯向亲友敬酒。亲友们馈赠礼品，表示祝福。旧时是一只羊，祝贺他日后平安吉利、牛羊成群。

举行“穿裙子”礼、“穿裤子”礼时，女孩或男孩的父母要举行盛大宴会，招待参加的亲友客人。进餐时，盛给客人们每人一碗骨头汤，一块肉和一些猪心猪肝，表示大家是至亲骨肉，心肝相连。宴会后，仪式才算结束。

三、婚礼

普米族的婚礼，一头是古老传统的庄重肃穆，一头则洋溢着诙谐诗意的万家欢乐。婚礼仪式大体上经过五项过程：说媒、定亲、迎亲、进家门、回门。

说媒，男方对女方家姑娘中意后，选择一个吉日，请一位德高望重的老人陪同，携带一圈猪膘肉和一罐“酤酒”（苏理玛）来到女方家，把礼物放在火塘上方的“宗巴拉”上，一边喝主人家的“酤酒”，一边唱起“找门户调”：

早就听说了，这里的山泉甜，这里的花儿艳，这里的姑娘好，可我不相信，今天真的看见了，啊哦咧！

这里的山泉确实甜，这里的花儿确实艳，这里的姑娘确实好，这回总算放心了，来日算好日子把亲谈。

唱毕，双方老人畅饮至夜阑人静，次日，主人回赠一份礼物，送客人回家。

接下来是定亲，选一个吉日，男方家请一位能言善辩的“媒人”去女方家定亲，称“祭锅庄”，普米语称为“切叠帕”。礼品较说媒时丰富，有一罐苏理玛酒、一圈猪膘肉、一只猪腿、一串香肠、几个鸡蛋、一个猪心、一张白山羊皮等。在太阳出山时赶到女方家。女方家也已经请来本村长者陪客，媒人把礼物逐一摆放在“宗巴拉”上，在锅庄上点燃白酒，焚香，献上祭品，诵祝词：

今天的日子好啊，今天的星辰好啊，我家的木屋里充满了喜气，祝愿人们梦想成真，祝愿人们万事如意。

舅舅家的小伙子人品好，姑妈家的姑娘美丽勤劳，一对新人就要成双，祝贺吧，祈求呀，在这美好的时刻，让一对新人早日成双。

诵完祝词，主人家把媒人带来的食品摆放在前来做客的长者面前，一一品尝，在“祭锅庄”仪式上，双方按传统的推算方式，定好接亲的良辰吉日。

婚礼多选在寒冬腊月农闲季节进行。宁蒗普米族称第一次迎娶为“董库喃”，意为“黑婚”。在诙谐欢乐的迎亲仪式中，将普米族独特的婚礼过程挥洒得淋漓尽致，如关媒人、抹烟灰等。接亲时，当男方家接亲队伍到达女方家时，女方家立刻关上大门拦住客人，这时主人家与媒人对唱“开门调”、“关门调”，唱毕，主人家才把大门打开，让接亲队伍进屋。

打开婚姻的金锁（开门调）

东边山上安绳套，什么东西落套口？套着一只白绵羊，收拢套绳细细看，绵羊变成海螺锁；

西边山上安绳套，什么东西落套口？套着一只大山羊，收拢套绳细细看，山羊变成玉石锁；

南边山上安绳套，什么东西落套口？套着一只大老虎，收拢套绳细细看，老虎变成黄金锁；

北边山上安绳套，什么东西落套口？套着一只犀牛角，收拢套绳细细看，牛角变成金钥匙；

拿来金钥匙，打开海螺锁；拿来金钥匙，打开玉石锁；拿来金钥匙，打开黄金锁。

兰坪、维西等地，流行别具一格的“对歌”迎娶仪式，婚礼自始至终都在欢快的歌声中进行。迎亲的人打扮一新，齐集男家。有的背枪，有的扛旗，有的抬礼品，还有吹长筒号或敲鼓打锣的，组成了浩浩荡荡的迎亲队伍。在规定时辰鸣放火炮，新郎和伴郎骑上高大披红的骡子起程，媒人同行。媒人是接亲队伍的组织者和指挥者，善于对唱古歌，成为整个喜庆活动的活跃人物。迎亲队伍到达女方村寨时，也要鸣放火炮，女方立即出动将迎亲队伍挡在挂有两块红布的青松棚前，双方须唱《认亲调》，对答合意，始令入棚饮茶、吃水果。而女方的大门照例紧闭，新娘躲在房内，其亲属用唱歌方式质问男方。于是新郎、媒人或聘请来的歌手便唱起赞美的喜歌——《开门调》祝贺新

婚，女方的大门才徐徐开启。按照古规，还要让客人喝了摆在门口的辣子汤（表示亲热）才能进入屋内。迎亲的人须给女方散“份子”，意为“开门钱”。凡见到女方的亲戚，不论年纪大小都要磕头，对男人称舅舅，对女的喊舅妈。新郎要送一串红白珠子给新娘，交由新娘的母亲给女儿戴在脖颈上。然后再祭擎天柱（正房中柱）、锅庄等。临行前，还须“对唱”。饮了“上马杯（酒）”，才由新娘的弟弟或叔叔抱新娘上马，这时新娘放声痛哭，惜别爹娘。歌手在唢呐伴奏下，唱起《离娘调》。全村姑娘都来送行，途中新娘一直不能回头张望。送亲的人走到半路，已有男方人等候迎亲，大伙同吃一顿“牛骨汤”，表示“贴骨至亲”。男方再向送亲的人馈赠礼品，大部分送亲的人即转回去，其余人则陪伴新娘到男家。

婚礼上的新娘新郎　（曹文山摄）

新婚夫妇当夜同居一室，当晚有许多青年男女闹洞房庆贺。在婚后的第三天，有回拜的习俗。清晨，新娘要背一桶水、烧一把柴，表明已开始在男家做饭了，然后和送亲的人一道回娘家。男方需送酒肉食物，女方家宴请亲友两三天，其费用多由男方负担，故有“出嫁姑娘不赔本，烧起锅儿等”的谚语。

新娘回到娘家就长住，过着长期不落夫家的生活。如出嫁到姑母家，为了表示对姑母的尊重，应该把嫁妆带去，否则姑母会不高兴。嫁妆有母牛一头、母羊一对或几对、母猪一头、母鸡若干只等。如非亲上做亲，女子是不乐意把嫁妆带去的。

新中国成立前，普米人婚姻多是“煤妁之言，父母包办”，俗语云：“只要敬过罐罐酒，嫁鸡随鸡，嫁狗随狗，嫁给铁树桩也要守三年。”由于男女缺乏了解，因而婚后有些夫妇的感情不好，有的甚至两人一直不说话，出现分居的情况，在此情况下，男的可以另娶，原妻仍留夫家或回娘家居住，但不能另嫁，且须赔偿男方和她结婚时的全部费用。有的男女不同意父母所订的婚约，就与自己相爱的人逃婚，过一时期，双方父母在亲友的劝解下，也只得同意婚事。

普米族地区的多数人结婚后，能终身相守。男女双方均无离婚权。如果女的在订婚后有外遇，男方仍要娶她回家，但她在家中的地位较低。如果男方提出离婚，不但损失很大，还要给被遗弃的妻子前身后背披虎皮，脚跟围豹皮，以说明男子美丑不分，负心不仁。这是一般男人不愿意做的，而且他们的包办婚多为姑舅表亲，还有财产相互继承的问题。这样的亲事，往往在两个家族之间世代缔结，并非个人的私事，所以婚姻关系便不易离散了。

旧时，按普米族的传统，凡男女之间一旦订了婚约，就必须从一而终，在任何情况下都不允许退婚。只要未婚夫不死，女方就必须等待男方来娶。如男方一贫如洗，一辈子无力办婚事，娶不起媳妇，女方也必须在娘家坐等到老。俗话说：“只要罐罐酒放在锅庄上，铁树桩也要等三年。”意思是只要男方祭了女方的祖先，这个女子就是外姓的人了，死活也要跟随男方。现在，祭锅庄（订婚）成为一种象征性仪式，没有多大约束力，订婚后未婚嫁的屡见不鲜，毕竟普米族的婚姻习俗正与时俱进。

有的家庭只有女儿无儿子，族内也无子侄过继或抱养儿继承家产时，可招女婿，当地俗称“招姑爷”。女婿上门后需改名换姓，在妻方居住担任家长，获得继承女方谱系以及财产的权利。

四、葬礼

在人生诸礼中，普米族最重视葬礼，用时长、仪式多，耗资巨大。普米族认为，人死是灵魂永远脱离肉体，肉体将焚烧处理，但灵魂还存在，从而形成一套安置灵魂与处理尸体的丧葬仪式，在宁蒗实行火葬，在兰坪实行土葬，但各地普米族都实行二次葬。

普米族有独特的丧葬习俗。丧葬仪式通常分为两次：第一次是人死后的开葬仪式，这实际上主要是处理死者之身的仪式，普米语称“毛曾肯”（给火花）或“苦昔戎肯”（给指路羊）；第二次是超度仪式，是一个处理死者之灵的仪式。普米语称“戎毕”（祭绵羊）。

开葬仪式：人在病危时，要通知近亲探视。死时，要鸣火炮，通知村内各家。在死者面前放置贡品，点上青油灯。邻人闻丧后，便携带一个饭团、一个鸡蛋、半寸宽的一圈猪膘肉前去吊丧，物品供祭死者。

人死以后，必须洗尸。把樟脑树皮剥下，放入水中煮沸，加入香料，用其对死者浑身进行洗刷，并在面部、鼻、耳、眼等处抹上酥油，据说有防腐、防臭作用。同时在死者口中放入一块银元。洗尸完毕，将尸体摆成曲肢坐式，上肢交叉，男双手扶肩，女则双手交叉在胸前，以白麻布从上捆到下。捆尸缘由，是将死者恢复成原来出生时的状态，便于再生成人。

捆尸完毕，将其装入白麻布袋中，然后再装入一呈立式长方形的棺木中。棺上画有图画，顶盖上有圆形花纹，左右刻画着死者归宗的路线图和生前饲养的牛马家畜图，供死者享用。停尸期间，亲友邻居

都来吊丧，送上礼物。主人则挑选一只与死者性别相应的白绵羊，请韩规或雅毕诵经告慰，帮助死者的灵魂返回祖先原始居住的地方。

火葬的日期由韩规或喇嘛选定，每个家族都有一个火葬场。事先在火葬场准备好烧尸的木柴，将其搭成正方形房屋的形状，中间堆放松明。送葬那天拂晓时，就开始为死者举行宗教仪式，请来的喇嘛或韩规首先要到火葬场念经，然后送葬的队伍便出发。最前头由一人牵马引路，一人拿着火把，一人拿着送魂路线图，四个人抬着棺木跟随其后，最后面是送葬的亲属。到了火葬场，把棺木架在柴堆上，烧尸时，首先由韩规从四角点燃，而后由烧尸人负责焚烧。母系制地区是由同一母系血缘的两个男子担任，父系制地区是由男方家族中的两个男子烧尸。他们以尸体烧得快为吉利，否则就认为死者留恋家里的财产。遇到这个情况，家里人就需不断把衣服、粮食、猪肉、食油、酥油等投入火堆，认为这样才能满足死者的要求，加速焚化。

墓碑　（曹文山摄）

火葬第二天，由亲人请韩规诵经，并拾取死者从脚到头的十三节骨片，装入骨灰罐中，其余的骨灰撒掉或就地掩埋。骨灰罐的形状是小口凸肚，放进骨灰后，不封罐口，盖上小碗或松毛，在罐的底部开一小孔，作死者灵魂出入的地方。

骨灰装入骨灰罐以后，先将骨灰罐存放在密林处（普米语称“褥纠甸”，意为“寄骨处”），然后另择吉日进行二次葬，即祭羊仪式。

在普米人的心目中，火葬只是对死者遗身的善后处理，要抓紧在短期内完成，而祭羊则既是子孙对死者辛劳一世的酬报，也是把死者送归故里的盛典，要经过充分准备，尽力隆重举办。不能为长辈举行“羊祭”的子孙被视为不尽孝道或没出息之辈，其社会地位会受到影响。

从第一次火葬到第二次做羊祭——“戎肯”，时间上从相距数天到若干年不等。做“祭羊超度”的时间，一般是定在死者的生肖之年，即根据死者的属相，在该属相年做羊祭。为节省起见，人们也往往举行集体羊祭，即在同一氏族中相同辈分的老人全都去世后，再共同举行羊祭。也有夫妇均死，合作羊祭的习惯。由于二次葬要举行隆重的祭羊超度道场仪式，费用较大，一般贫困人家无力举办，就将骨灰罐存放“寄骨林”处，待若干年后，条件成熟时再行补办。

祭羊超度仪式后，将举行骨灰罐送往坟山的仪式。男尸是由家族中的九个男子，骑九匹马送；女尸则七个人，骑七匹马送。骨灰罐要在颈部用红白布扎好，请人背上。送行时由韩规念经，村邻每户送一块猪肉、一个鸡蛋、一团饭和一瓶酒，主家也带着许多食品。在往坟山的途中，用树枝搭起九座门和一座房子，象征死者的住所。在行进过程中，韩规要念开路经。骨灰罐掩埋以后，再次由韩规念开路经。放好骨灰罐，焚烧灵牌后，韩规及众人骑马回家，一路唱《释布戎毕哩哩》，葬礼到此才告终。

第五节 四季燃烧的火塘
——庄重温馨的“锅庄”文化

普米族在信仰图腾和生活习性中，以火至尚、以火为贵、与火相伴，生来接受火的洗礼，死后在火中涅槃。无论是生老病死，或衣食住行，火总是如影相随，普米族可称之为火的民族。

火塘，又叫“火坑”，也有的地方称“火铺”，是在房内用土铺成的1米见方的土坑。以前，火塘里直立着三块石头，以备烧火煮饭之用，后来都改用铁三脚架。火塘里终年烟火缭绕，白天煮饭，晚上烤火取暖，燃料为木柴。在许多少数民族中，火塘是生活中非常重要的一部分，每年都要进行火塘祭祀，祈求家人安泰。

火塘在普米族中是最基本、最普遍、最具覆盖性的历史文化特性。普米村寨各户的火塘设在母房内，位于神龛下。建房时就在神龛下建高40～80厘米、长宽3～4米的木结构平台。火塘设在平台正中间，火塘边的地板要用上好的木材。在家族聚会中，火塘东西两端靠近神龛的座位是最尊之位，分别属于家族男女长辈。平时，普米人的各种人生礼仪和宗教仪式都在火塘边举行。火塘上方供有石制的锅庄，它既是祖先的象征，又是诸神的牌位。因此，一日三餐都要先祭锅庄，客人或亲朋好友送来的礼品也要置于其上，请神灵先享用。金沙江以北的普米人家，除供奉诸神表征的锅庄石外，还塑有“宗巴拉”神像，供奉在锅庄后面。其上绘有天、地、日、月、星、云、海螺、莲花等，象征宇宙神。逢年过节、婚丧嫁娶，锅庄及宗巴拉神的祭祀更为隆重，届时其上摆满祭品，担任主祭的家长祝祷说：

十三重天的天神，十三层地的地神，四境各山的山神，八方灵泉的龙神，请来享受这些祭品吧，一月接一月过去了，一年连一年过去了，时光跑得比箭快，因为有你们保佑，我们的生命与日月一样长。

牧神啊！让我们的牛马满山，让我们的羊群遍地，让春天里没有酥油的人家有酥油，让冬天里没有猪肉的人们有猪肉。

谷神啊！让一粒子种收获百粒，让一升子种收获十石，让扬过的麦子再扬还有麦子，让打过的青稞再打还有青稞。

猎神啊！让每一箭都射中犀牛，让每一箭都射中岩羊，让我们想什么就得到什么，让猎获的獐麂鹿兔吃也吃不完。

战神啊！让我们的力量像天上的雷霆大，让我们的敌人像热锅上的蚂蚁乱成团，谁也阻挡不住我们的弓箭和铁骑，我们一个人要胜过一百个仇敌。

宗巴拉神啊！让全族的人都愉快，让全家的人都平安，让新竹子接上旧竹子，让青年人继承老人们。

诵毕，全家人围拢在火塘边，享用节日的丰盛晚餐。

在中国西南地区羌系民族家庭中，通常有一个或几个火塘，成为人们在家中取暖、照明、做饭、睡卧乃至进行人际交往、聚会议事、祭祀神灵的重要场所。火塘分别是家庭、家族、生计和性别的象征。一个家庭需要有一个火塘作为取暖及煮饭的工具，但在一座新房建成，或一个小家庭从父母的家庭中分离出来，举行隆重的置火塘及点火礼

经堂 （熊德鼎摄）

时，火塘的意义就已超越了作为工具的范畴，而成了一个家庭的象征。分家另立火塘，标志着家庭的分化，由一个家庭中分化出的血缘关系的家庭便渐渐形成了一个家族。

普米族敬重火塘神，从宗教信仰的角度来看，火塘通常是多种神灵的象征，人们祭祀火塘或在火塘边举行祭祀活动，就是对这些不同神灵的敬奉。

普米族人认为，火塘是祖宗神灵的化身，祭火塘成了家人祭祀祖宗的重要仪式。普米人死之后，灵魂将分成三个部分并居于三处，其中之一是在自己家中火塘及铁三脚架附近。普米人的祭祖又叫祭锅庄。锅庄是一块正方形或圆形的长条岩石，直立在正房中心火塘的上方，介于火塘与神龛之间，露出地面约 30 厘米。每个普米人家庭都有这样

一块锅庄石，代表祖先的神位。凡是敬奉火塘为神灵的民族，都对火塘形成了许多带有象征性的禁忌规范。普米人的锅庄石是神圣不可触动之物，任何人不得从上跨越，不能在上面放置其他物品，更不能在上面抹鼻涕之类的东西。

普米民居进门靠右边是火塘，火塘后面有神龛，火塘四周设卧铺。忌背向火塘和在火塘边跷腿而坐。不能从火塘和神龛之间跨过，不能用手摸火塘上的三脚架。在家中落座时，男子要坐在火塘左边，女子坐右边，必须面向火塘而坐，不可以乱坐。火塘是房屋的中心，也是家族中心的象征。是全家人活动的主要场所。平时可坐在旁边烤火、聊天、唱歌、睡觉。吃饭时全家人围坐在它的周围，在上面烤粑粑、烤肉，红彤彤的火苗映照着全家人幸福的脸庞。每遇亲友来访，好客的普米人先将客人请入火塘边的上座，然后便奉茶献酒，端上热腾腾的牛羊肉、猪膘肉和一碗拌有葱、蒜、辣椒、花椒、香椿的酸辣汤，热情款待，直到客人酒足饭饱，甚至酩酊大醉。对客殷勤礼貌是普米族的性格和美德。当远方的客人跨进家门，不论是生人或是亲友，主人家都会出来迎接，热情款待。先奉上酥油茶、炒面、水果，主人要频频向客人敬酒，客人离去时，主人要送“四色礼”，即一只鸡腿、一块猪膘肉、一瓶茶叶、一瓶苏理玛酒，这是普米人赠给贵客最好的礼物。

火塘上架一个铁三角，大小不等，越大越彰显家庭的殷实富裕，铁三角世代相传，是家里神圣贵重的器物，人们一日三餐向它敬奉，祈求列祖列宗福佑人畜平安，五谷丰登。普米先民认为铁三角是镇妖除魔、否极泰来的保护神，是温馨慈爱的化身，对铁三角寄予无限的厚望和憧憬。

相传古时普米族居住的地方，有一个无恶不作的魔鬼，那家伙专门在路上拦劫出嫁的姑娘，无数新娘被它吃掉，提起妖怪，普米人个个胆战心惊，恨不得生吞活剥了它。

这一年，美丽的姑娘毕丽妞即将出嫁了，想起如影随形、噩梦般的妖魔，姑娘整天茶饭不思，神情恍惚。阿爸安慰她，并把祖传的宝玉镯戴在毕丽妞手腕上，以保佑她逢凶化吉，平安到达婆家。

出嫁那天，毕丽妞在乡亲们护送下，骑着一匹红马，走到一处山垭口时，忽然一阵狂风刮过，卷起漫天尘沙，妖魔出现了，它大叫把姑娘留下。

端公　（曹文山摄）

阿爸怒不可遏，提刀冲上去与妖怪拼杀，眼看就要被妖怪掐死，此时，毕丽妞取下手镯向妖怪掷去，宝玉镯吐出烈焰，裹住妖怪身子熊熊燃烧，阿爸被妖怪缠住无法脱身，顷刻间，阿爸和妖怪化为灰烬，火熄后，宝玉镯化为一架铁三角。一会儿，铁三角慢慢升上了天空。

普米人为了感谢阿爸为民除害，把铁三角当成了保护神，无论是吃饭、饮酒、喝茶，或是婚丧嫁娶、传统节日，都要先祭祀铁三角，这一习俗代代相传至今。

第六节　文明之风扑面而来

普米族地区，尤其是聚居的普米族地区，在传统习俗方面，至今仍较为完整地保留着古老的印迹，但世上没有亘古不变的事物，一切皆在不经意间悄然发生改变。

婚姻形态方面，在旧社会，普遍遵循“媒妁之言、父母之命”，“只要敬过罐罐酒，嫁鸡随鸡，嫁狗随狗，嫁给铁树桩也要守三年”，包办婚姻居多，青年男女没有多少自主选择，大多缺乏感情基础，许多人在失意中熬过漫长的婚姻家庭生活，其中不乏抗婚和逃婚者，婚姻悲剧屡见不鲜，留下诸多遗憾，令后人感叹唏嘘不已。至于“不落夫家”、“抢婚”、“转房婚”、“审问新娘”等奇异婚俗，或因过程繁文缛节，或因表现出一定暴力色彩，或因有包办婚姻嫌疑，或因考虑对个人隐私权的尊重，在新中国成立后均被逐渐抛弃。而走婚仅限于泸沽湖周边部分残留的母系家庭中，因与国家的《婚姻法》和人口政策相悖，生存空间受到很大打压，也正逐渐呈现抛弃的态势。现阶段，普米族婚姻形态，在较为开放和经济发展的地方，以自由恋爱为主，通婚的范围较广，不限于固定的区域，跨县、跨省的普遍存在；通婚的对象选择也不限于族内，与异族通婚普遍存在。抚育的后代在体格及素质方面显露出强势和优越性。而在发展滞后、社会较为封闭、传统观念浓郁的地方，包办婚姻和极个别的“指腹为婚”较为普遍，通婚的地域范围狭小，族内通婚、姑舅表婚、亲上加亲盛行，由此造成人口素质的降低。

普米族在历史上除与纳西族（摩梭人）通婚外，一般不与异族缔结婚约，新中国成立后，普米人更多地浪迹四方，视野变得开阔，思想变得开放，体现在婚姻方面，择偶对象在农村和城镇有所不同，农村主要以族内婚为主，与异族通婚大都仅限于汉族、纳西族（摩梭人）、藏族、白族、傈僳族等民族，与彝族基本不通婚。而居住在城镇的人，对择偶对象的民族成分普遍不计较，由多民族组成的家庭比比皆是，但本族内通婚仍然是许多人的首要选择。

新中国成立后，普米族的家庭以一夫一妻制的父系小家庭为主，父系大家庭已不复存在，母系家庭逐渐衰落，普米族的家庭趋于小型化，平均每户四五口人，比父系大家庭的人口少多了。在农村，家庭由男子传宗接代、继承财产，女子是外姓之人，因此，男子是当家人，掌握家庭的经济大权。男尊女卑的传统仍若隐若现。而在城镇，由于男女双方在经济上相对独立，在家务方面均有一定话语权，角色定位基本上对等。大多数普米家庭如没有特殊原因，一旦举行婚礼，男女结为终身伴侣，不允许丈夫抛弃和虐待妻子，婚姻家庭相对牢固。

普米族人生四礼：诞生礼、成人礼、婚礼、葬礼，是对人的一生，从出生到离开人世，在一系列关键和值得纪念时刻的礼赞和挽歌。在旧社会，因社会封闭、交通信息不通畅，朴素无华的普米人借助于庄重华丽的盛大仪式，将人生的重要事件永久地铭刻在后人的记忆深处。

新中国成立后，普米族的历史翻开了新的一页，普米人对人生四礼的认识转向务实和理性，在传统与现实、民族性与现代化、习惯法与法律之间，努力实现软着陆，浓郁的民俗色彩逐渐淡化，纷繁芜杂的程序趋于简化，但其核心的文化内涵仍然流传于世。诞生礼的文化内涵，从对于添丁增口的重视，转向重视幼儿教育，包括文化教育，尊老爱幼的礼貌教育，生活技能，习惯法和品德教育。成人礼在现今大多数普米族地区仍然举行。成人礼后，小女孩和小男孩算是成人了，可以参加生产劳动和社交活动，成为家族的正式成员，从此，他们要用成人的标准要求自己，分担家庭和社会的责任、义务。现代普米人

的婚礼程序大为简化，在古老传统的庄重肃穆和诙谐诗意的喜庆氛围中，增加了对《婚姻法》、计划生育和人口政策融会贯通的内容。同样，现代普米人的葬礼程序也大为简化，大都实行火葬，居住在城镇的人，死后就地火葬，一般人的葬礼在短期内完成，“祭羊”仪式较为普遍，请普米宗教人士韩规或喇嘛做道场，虽然场面隆重，但日渐传递出世俗和现代文明的信息。

当代普米族社会，传统的影子虽然无处不在，但文明社会的清新之风早已扑面而来，一切皆在不经意间悄然发生改变。文明社会、文明生活、文明的民族精神，不正是走向美好未来的普米族千百年来苦苦追寻的梦想吗?

第五章

靠山吃山　希望在山

第一节　耕耘山地间

普米族历史上是一个游牧民族，定居滇西北以后，逐渐向农耕过渡，成为一个半农半牧的民族。今天的普米族是一个典型的山地耕牧型民族，在老君山、拉巴山、雪盘山和小凉山腹地，从事半农半牧的传统生产生活，他们不仅向汉族、白族、纳西族等民族学会了较先进的农耕技术，还充分利用当地丰富的土地资源发展畜牧经济，保持了传统产业优势。新中国成立前的普米族社会，基本上处于自给自足的自然经济状态，生产发展的速度缓慢，农业是其社会经济的主要部门，并兼营畜牧、家庭手工业和赶马经商等活动。其生产力发展水平与周围汉族、白族、纳西族等民族相差不远。

一、茫茫山林——普米的衣食父母

现今的西南山地民族，包括现在还生活在森林之中的普米族，历史上都可算是森林民族。阳春三月，走进桃花盛开的普米村寨，让人印象最深刻的是他们的土地和房屋，都掩映在茂密的森林中，几乎见

不到裸露的山体，森林植被保存得很好，这归功于普米族是一个环境意识很强的民族。新中国成立前，普米族以氏族为单位划分林区和草场，将公有林分为“水源林”、“山神林”、“风水林”、“松毛林”等，严禁砍伐。村子周围的山林又划分为族有林和户有林，各负其责，互不侵犯。习惯法和村规民约都不允许放火烧山，在“以粮为纲”的年代，普米山寨的森林虽遇到一定程度破坏，但“分田到户”以后，普米族群众大力营造次生林，很快恢复了植被。现在，普米地区生态环境一般都保护良好。

木楞房　（熊德鼎摄）

普米族居住区属横断山脉纵谷区中部山原地带。金沙江和澜沧江由北向南贯穿全境，形成高山峡谷、小块盆地交叉相间的地形。地势西北高、东南低，山脉多南北走向。著名大山为云岭分支的老君山、玉龙雪山、雪邦山、玉坪山、牦牛山、大药山、光茅山、竹山、狮子山等。境内群峰峥嵘、气势磅礴、巍峨雄壮。最高山峰玉龙雪山海拔

5596米，最低河谷三江口海拔为1200米。纵谷之间山河交错，形成帚状分布。普米族地区属温带季风气候，山区属中温带半湿润气候。雨量充沛，森林资源丰富，森林覆盖率达50%～70%，为云南重要林区之一。主要有云南松、云冷杉林、青杠栗、麻栗等优质林木，以及澜沧黄杉、云南榧、云南红豆杉、棕背杜鹃等珍稀保护树种，并有香樟、漆树、花椒、核桃、桃、梨、黄果等经济林木。崇山峻岭中，是虎、豹、熊、野牛、豪猪、马鹿、麂子、滇金丝猴以及黑颈长尾雉、血雉等珍禽异兽的乐园。林下资源有麝香、鹿茸、茯苓、虫草、贝母、当归、天麻、菖蒲、大黄等名贵药材及羊肚菌、松茸、香菇等美味食用菌。高山草场宜于放牧，畜产以羊、牛、马驰名于世。

普米族地区地处长江上游，此地地形地貌复杂，高山大川遍布，河湖湿地密集，该区域的天然林资源，是我国大江大河和国土生态安全的绿色屏障，生态区位十分重要。气候垂直变化明显，复杂的气候和自然条件，形成了类型多样的生态系统，孕育了种类繁多的动植物资源，生物多样性十分丰富。这里是我国金丝猴等珍稀濒危野生动物的主要分布区和重要栖息地，也是红豆杉等众多珍贵保护植物的集中分布地。自然保护区分布最为集中，是我国生物多样性保护的重要区域，也是全球生物多样性保护的关键地区。

苍茫浩瀚，青翠蔽日，普米地区丰富的森林资源是维护国家木材安全的战略保障。新中国成立以来，从普米地区源源不断输出很多优质原木，据称其长度可以围绕地球赤道一圈。普米地区仍然是国家木材战略储备基地，对于确保国家木材安全有着十分重要的战略意义。保护好、经营好这一区域的森林，对于确保实现森林资源“双增”目标、应对全球气候变化，在国际上树立负责任的大国形象，赢得更多的话语权和更大的发展空间，将发挥特殊作用。

普米地区传统经济林果主要有：梨子、桃子、核桃、花红、石榴、

李子等树种。普米族古今沿袭栽植果树的传统，村寨里虬结苍劲、遮天蔽日的核桃老树，成为普米村寨永不褪色的名片。许多普米人掌握了果树栽植、嫁接的技术，经济林果业成为许多家庭重要的经济来源。

二、密林深处见牛羊——畜牧和狩猎

普米族原本是高原游牧民族，逐水草而居，擅长饲养和放牧。后来改牧从农，但是游牧成分还相当大，畜牧业较为发达。

普米族饲养的牲畜主要有牛、马、骡、羊、猪、鸡、狗等。牛有牦牛、黄牛、水牛三种，牦牛供奶及乳品（奶渣及酥油），黄牛既供役使，也作食用，水牛仅供耕地，普米族习惯上不吃水牛肉。马、骡主要供骑用和驮运货物。普米族地区山路崎岖，交通闭塞，旧时常组织马帮与外界进行物资交易。普米族在远古游牧时代就擅长养羊，几乎每户都要养数十只，有的甚至达成百上千只。除了食用之外，主要还作宗教祭祀用，而且羊皮是御寒过冬必需品。猪的饲养也很普遍，每家两三头，多者十余头。困难人户则找人分养，年末三七开或对半分成。平时多放牧、吃野菜，或喂圆根、豆角豆叶等粗饲料，猪秋后才以粮食饲料催肥。由于喂养的头数较多，消耗的粮食也多，据统计，一般家庭每年都将1/3的粮食作饲料，其中主要用于养猪。

普米族特别爱狗，有养狗习惯，主要用来看守家门，猎人则养撵山狗，平时禁止打狗，不吃狗肉，也不出售狗，让狗自生自灭。传说中，狗是普米的恩人，过去狗命长，能活60岁，人命短，只活13岁，狗可怜人，与人交换了寿命，所以人才能活到60岁，人为了纪念旧岁数，要在13岁那年举行穿裤子仪式，当初在狗与人交换岁数时，狗提出了一个条件：我的岁数给了你，你要一天给我三顿饭。人答应了，因此，每天要喂三次狗，并在年饭前先喂狗。

草山牧场　（曹文山摄）

普米族户户养鸡，每户数只，多者百余只。鸡的品种好、体格大、产蛋多、肉质好。他们还收养野蜂，各家都在院屋附近安置一两个木桶，两边开洞，招引野蜂家养，每年五月、八月收取蜂蜜，每窝可收二三十斤。这是最省力、收益又大的一项副业。靠近河湖水边的普米族人户，利用雨季潮汛时期，施行人工垒坝捉鱼，或划船撒网捕捞。

此外，普米族村寨大多依山，森林怀抱。在密林深处，有许多禽兽。每年春天都有成群的燕鹅飞来栖居，生蛋孵崽以后飞走。山鸡、斑鸠也经常在村口出没。大的动物有熊、野猪、豹子、狼、麂子、岩羊、马鹿、獐子，还有小动物，如狐狸、兔子等。这些动物都是普米人猎取的对象。狩猎每个季节都有捕捉的重点，如三月撵麂子，三四月打野鸡，七八月打獐子，八九月猎熊。其他时间狩猎，遇到什么就打什么。

有经验的老猎人，对于各种动物生活规律都很熟悉，懂得如何能找到野兽并猎取它们，不过猎人往往要依靠猎狗的帮助。打猎时，猎人总要带上猎狗，让它到密林深处将野兽赶出来，并紧追不放，有时

还直接与野兽搏斗，徒手捕猎。对捕获的野兽，猎人一定要分一块兽肉喂狗，以示对它的鼓励。好的猎狗，有时一天能撵两三只獐子，遇到狼、熊也不畏惧，敢于与它们搏斗。

猎人狩猎常常是集体活动，虽然也有个人出猎的，但往往是利用零星的时间，收获不大。集体出猎少则三五人，多则十余人。一般要选出一人当头，由他指挥狩猎。捕获物平均分配，在场的陌生人也有一份。每当猎到熊时，全村分配，每户一份。

猎人经常要到高山上去狩猎，所以每次往往要经过两三天才有所收获。需带上猎具、火种、干粮、披毡等物，晚上睡在岩洞里，烧火取暖。狩猎的工具有弩、枪、矛、套索、铁锚等，还带着猎狗。弩是我国古代常用的武器，普米人用它狩猎，有手弩和地弩两种。弩还能猎取大的野兽，在弩箭上涂毒药，动物中箭后，在三五分钟内就致死。毒药是用从深山采集的草乌根与牛角峰的毒液混合制成的，称作“乌头膏”，毒性强烈。标枪原是用木或竹子削尖后涂上油脂制成的，后来才改用铁标枪。矛也用木竹制作，尖部用油浸过，光滑锋利，标枪和矛都是刺杀野兽的工具。

在狩猎过程中，普米猎人有自己的原则和禁忌，如不许猎射怀孕或正在交配的野兽，因为他们知道自然界繁衍生息的规律；不许猎射鸿雁及正在孵蛋的野禽，他们认为打死鸿雁会破坏雁阵的团队精神，打死孵蛋的野禽，则不利于繁衍后代。

近年来，居住在山林中的普米猎人，积极响应国家禁猎号召，狗放南山，刀枪入库。茫茫林海中，消逝多年的动物重现踪迹，百鸟啾鸣、万兽来仪，人与动物重逢在普米山寨的蓝天丽日下。

三、掌上红土、繁衍五谷——农业

民主改革前的普米族社会，基本上处于自给自足的自然经济状态，在封建领主制下，生产发展缓慢，农业是本民族的主要经济部门，占统治地位，兼营园艺种植业、畜牧业、家庭手工业、狩猎、采集及赶马经商活动。

普米族在长期的生产实践活动中，积累了不少经验。近现代普米族社会，已普遍进入犁耕阶段，生产力发展水平与周边汉族、彝族、纳西族、白族等民族相差不远，农业上已普遍进入犁耕阶段，主要以犁、铧、锄、斧、刀、耙、镰等铁制工具为主，同时使用棰、风车、锄、耙等木制农具。铁制农具主要靠汉区输入，在永宁地区尚保留“二牛抬杠”犁耕作方式。

普米族大多居住在海拔2200～3000米的二半山区，部分居住在高山、平坝和河谷地带，因而主要耕地为山地，部分为平坝地，河谷地区有少量水田，地多人少，一般农户平均要耕种40～80亩土地。山地虽分为常耕地（俗称旱地）、轮歇地和火烧地三种，但农民对土地的利用已趋于固定化。其中各类土地的比例因地区而异。在丽江、兰坪、宁蒗等地，主要为常耕地与轮歇地，永胜则两种各占20%，其余60%都是火烧地。在这些地区，还遗留着“刀耕火种”的原始耕作方式：每年在比较平缓的半山林中开生荒，将树林砍倒，于次年的二三月放火焚烧，用锄碎土，稍加平整，即可播种玉米、马铃薯、荞子、燕麦等作物，种两茬后即为熟荒地，一般用三五年，即抛荒、轮歇。

普米族地区农作物一般旱地每年种两季，水田种一季。大春作物有玉米、稻谷、黄豆、荞、稗、高粱、四季豆、马铃薯、燕麦、米豆、绿豆、巴山豆、水子等。其中玉米播种面积约占60%以上，为当地农户主粮，也是酿酒和饲料的来源。品种有黄包谷、干子黄、马牙、花包谷、大白子、糯包谷、二白子、小白子等。稻谷品种有白、红、糯、麻四种，过去栽种较少。小春有小麦、大麦、蚕豆、青稞、豌豆、鸡豆等。经济作物有火麻、烟草、向日葵等。耕作技术已较精细，民间

利用物候常识，掌握农业节令，及时施肥播种。宁蒗永宁地区还栽种稗子，这是一种耐寒的特有作物，它既喜水分又耐旱。从前多为旱播，后来引水耕种，产量获得很大的提高。种植方法与水稻类似，先育苗后移植水田，定期灌溉。当时，永宁土司禁止民间栽种水稻，该作物成了永宁地区的主要粮食之一。

对土地的利用和管理方式，主要分轮作和间种两种。轮作又叫轮种或轮栽，是在同一块地里不断更换作物品种，利用作物的根茎深浅不一、所需养料不同，可以充分利用并调节地力，促进土壤结构的改善，保持水土。根据各地的土质、水分和阳光等自然条件，普米族旱地轮作休耕制有三种：一是第一年小春种蚕豆，第二年种玉米，第三年复种蚕豆；二是第一年大春种玉米，第二年种蚕豆，第三年种玉米，第四年种小麦，在轮种中插入豆科植物，能增加氮肥养分，作物收成好；三是第一年种小麦，第二年种玉米，循环进行。为保证主食来源，此种耕作方式应用较普遍。丽江、维西、兰坪等地水田一般种一季，有时也套种一季小春蚕豆。在永宁坝区，旱地一般第一年种稗子，第二年种小春，第三年换种燕麦。边远山地经过种植几年后，地力消耗殆尽，即抛荒休耕数年，改作放牧地。间种又叫套种，是在同一块地里每年多种一季或几季作物，见缝插针，增加复种指数，提高土地利用率，一般群众多数是在田边地角或玉米地栽种白瓜、向日葵等作物。

在农事生产中，普米族都比较重视使用肥料。常用的有绿肥、厩肥、草灰肥等。他们居住山区，森林茂密，一年四季都能采集到各种植物的青嫩茎叶沤制绿肥。通常在花开旺盛季节，砍来山树青叶放入犁翻过的地里或泡入水田里，让它自然腐烂发酵，在插秧或播种前翻耕一次，即可产生肥效。或者先把青草树叶割来放入大坑，放少许石灰或畜粪做成堆肥，用泥土糊好，沤成绿肥，然后用来压田。这是应用最广的一种农家肥。其次是厩肥，即在饲养的牲畜厩栏里割树草垫圈，使之踩压腐熟后成为圈肥，一般主要施在主产玉米、稻谷、稗子、荞麦或园艺地里。再次是火烧肥，从山里运回树叶、枝丫、松毛等堆在地里，覆以带土的草皮，然后点燃，经过两三天烧化，树枝和松毛都变成灰烬，草皮土变成灰土，故俗称草木灰或灰肥。多用于高山点种马铃薯、玉米、燕麦、荞子，菜园里也常使用。此外，也有到山上挖万年腐质土（也叫山基土），这是多年积压在山洼地里的腐烂叶子和土的混合物。靠近河湾、池塘水边的农户，则利用蔓生水藻植物和淤积的泥土，沤制河塘泥或海草来肥稻田或压秧田。

普米族农业劳动以个体小家庭为单位，进行集体生产，男女老少之间有性别年龄的自然分工。成年男子担任开荒、犁地、收割、制作农具等，此外，还砍柴、打房板、狩猎、赶马、经商等。妇女参加田间平地、积肥、放水、薅除、收割外，还承担推磨、煮饭、纺织、酿酒、养猪、喂鸡、背水等繁重家务劳动，劳动时间和劳动强度都超过男子。老年人在家编织箩筐等用具，兼管幼儿。较年长的少年守护庄稼、协助搬运，平时负责放牧牲口。农忙季节，群众中有原始互助换工习惯，主要在缺乏耕牛和劳动力的农户之间进行，一般不计报酬，这种换工劳动是互助互利性质的。

蔬菜瓜果是日常生活需要的副食品，因此与农业相关的园艺种植业在普米族地区也获得了一定程度的发展。宅旁地角都普遍利用来种植蔬菜，种类较多。其中，青菜、圆根、萝卜、芋薯等可切晒为干菜；瓜类的内子，如白瓜子和葵花子也可收取食用。民间利用野生刺果树苗嫁接花果树，培植为梨、核桃、花红、黄果、石榴等果树。其他尚有花椒、樟木子、漆树及香菌、木耳等经济林副产品，除部分自用外，可作商品外销。在农业和园艺种植外，采集也是普

米族社会经济生活的组成部分。每年夏秋时节，山林里野果飘香，是采集的最好时机。自然界中可供原始采集的品种很多，据粗略统计，有虫草、贝母、茯苓、鸡棕、香菌、石花菜、木耳、大黄、天冬、菌心片等。采集为各户单独进行，其中采集火草是一项古老的传统活动。人们衣着原料是自织的麻布，纺麻时需要掺织大量火草才经用，因此每年各户都要派人进山摘火草，然后捻成火草纱，作为纺织原料之一。掺入火草纱织成的麻布，较纯麻布洁白美观，而且能织得更细软，保温效果更好。

四、山间铃响马帮来——贸易

古时，普米族多住山区，交通不便，很少与外界交往，生活用品大多自给自足，偶然交换也只是以物易物，商品交换极不发达。普米人认为邻里之间大多是亲戚，原本是一个根，彼此间买卖是害羞的事。若缺少用品，可以互相借用，不能归还时，也不索要。

进入近现代，随着农业、畜牧业、家庭手工业和其他副业生产的缓慢发展，在普米族内部，人们之间已经开始出现互通有无的物物交换了。不过，这种交换一般无固定比价，双方根据生产和生活的需要以及关系的亲疏好坏，临时议定。此外，普米族与周围比较先进的汉族、藏族、白族、纳西族等族之间，也发生了经济上的联系和产品的交换。他们以本地出产的农副产品换回工业品和日用品的数量也逐渐增多。一是由外族马帮、商人带着日用品、盐巴、茶叶和布匹等，进入普米山区，走村串寨，挨家挨户交换，收购当地的药材（包括虫草、麝香、贝母、树沙、大黄、鹿茸、秦椒）、皮货、竹篾器、猪膘或粮食等。二是普米人也学会经商，他们从丽江、大理等地运来日用工业品，换取本地的土特产品，再返回丽江、大理等地出售，从中获利。俗称："一个好男儿，不会搞运输做生意，就不算能干。"这说明普米人是很重视经商的。逐渐地，普米人开始季节性的赶马经商活动，20 世纪上半叶，普米马帮所到的地方，北至四川木里、甘孜，东至盐源、西昌，南达丽江、大理喜洲等地，地域范围已经比较广大。

毋庸讳言，普米族的对外贸易活动，促进了民族之间的物资交流，有利于人民的生产发展和生活改善。由于经商要与周围各族交往，所以普米族男子往往熟悉邻近彝、纳西、汉等民族的语言。通过贸易活动，加强了各民族之间的联系和互相依存的关系。

五、久远岁月的怀想——手工业

在普米族聚居地区，手工业和商业尚未完全从农业中脱离出来，他们大都以家庭副业的形式进行。手工业主要是对农副产品的加工，以纺织、酿酒、榨油为主，兼营羊毛、油、皮革、铁器修理、木器制作、竹器编织、制陶等。

普米族善于纺织，原料以麻为主，兼用羊毛等。大凡普米人家住宅旁都有一块麻园地（普米语谓“索秋”），从种麻到收麻，从绩麻、纺线到织成布，如此完整的产业链全由妇女们承担。织机有原始腰机和水平织机两种。腰机较为简单，仅由绳索、机刀、分经棍、卷布轴等组成。水平织机稍微复杂，大多由木制成。织布方法虽然较为原始，但善于纺织的普米族妇女心灵手巧，能用简单的原始工具织出纹道细密、图案优美的土布。织布间隙，纺麻女欢快的歌声回荡在纺织机四周。

纺麻歌

麻秆搭成的房子里，什么东西在旋转？麻秆搭成的房子里，普米姑娘纺麻线，双手十指纺麻线，千根万根绕成团，织出麻布缝衣裳，阿妈穿上心里暖。

普米族人人喜欢喝酒，因此普米社区的酿酒户相当普遍，每年要用1/3的粮食酿酒。酒有黄酒、白酒和甜酒。黄酒的酿制方法较为特别，大麦、青稞、玉米、高粱、荞等均可作原料。先将粮食煮熟，拌入自制酒曲，让其发酵，然后移入罐中盖严，几天后便成黄酒，普米语谓“醅”（当地称为“苏理玛”），味醇美，香甜可口。白酒及甜酒的酿制方法与汉族、白族、纳西族相仿。

榨油每年多在腊月初六过年前进行，除部分食用外，大多作为祭祀照明用。榨油时将麻子、核桃仁、油菜籽、瓜子和青刺果等研磨成粉，放入铁铜锅中熬煎，及时捞取漂浮在面上的油层，再用小锅煮沸，水分蒸发完即成清净原油。另一种方法是将煮熟的原料粉末装入麻布口袋内，再放到木槽箱内，用吊垂着的大石挤压，原油即缓缓流出。

皮革加工也采用简单易行的办法，兽皮剥下阴干，加工时先用温水浸泡一下，然后用刀刮去肉丝，再将皮子鞣软。兽皮可制口袋、皮套、皮包、绳子等。大羊皮可制皮衣、皮褥子等。

铁匠在普米族中最受人尊敬，可以师徒传授。他们在农闲时为群众打制和修理农具，收取极少报酬，生活来源主要依靠农业生产，工具有铁锤、铁枕、钳子、风箱等。宁蒗是用两个羊皮口袋鼓风的，其余工具的形制与汉区相似。一个铁匠忙碌一天，只能打制一把长刀或两三把镰刀。产品有锄、镰、砍刀、弯刀、斧头、短刀、铁钉、铁扣、三脚架等生产生活用具，但不会冶炼。少数人能铸犁铧，兰坪箐花老铁匠还会修造铁锁，工艺精美。

竹器　（熊建举摄）

编织竹器是普米族传统的手艺，明清时的著作中就有关于普米先民“砍伐竹木编织篾箩营生”的记载。山林中生长着各种竹子和藤篾，剖开伐条后，再根据需要进行加工编织。竹编成品有箩筐、花篮、簸箕、筛子、撮箕、篾盒、竹席、竹雨帽等日常生活用品。男女都会编织，多为自编自用，有少数拿去出售，是一项重要收入。

此外，他们还善于制作木盘、木盒、酥油盒等木器。尤以宁蒗的木漆碗精雕细刻，油彩光滑，深受人们喜爱。

第二节　地老天荒的生活习俗

一、服饰：百褶裙曳地、长袖善舞

普米族服饰带有明显的地域色彩，因受居住地其他民族的影响，各地服装款式不同，宁蒗地区受纳西族摩梭人影响较大，兰坪地区受白族服饰影响明显。不同年龄阶段着装也不相同，从时间上看，普米族的服装有一个从游牧状态到农耕状态的转化过程，这点从面料到款式都有明显反映。

据普米族传说，远古时代，普米人不会穿衣服，只用树叶、兽皮遮羞，传说是蜘蛛捻丝织网，教会普米人纺线织布的，从那以后，普米人就学会用麻皮织布，用羊毛捻线缝制衣服。

普米族服饰根据款式不同，可分为儿童服饰、成人服饰、老年服饰三类。

1. 儿童服饰

新中国成立前，小孩在 13 岁前不分性别都穿一件长衫，右开襟，男不着裤，女不穿裙，腰部扎一根麻布腰带，腰带的两端有纺织的花纹，底部有线穗。

女孩前边留一长发辫，其上拴一串珠饰，以红绿为主，多者达千颗，衣领上配有银扣。帽子用布缝制，上边呈猫头形状，双耳挺立，帽子前端缝一对獐牙，獐牙内置麝香，有辟邪作用，若遭蛇咬，可取出解毒。

男孩头发前部和左右共有三条小辫子，后面没有，辫子比女孩多，有的地区男孩剃光头，只在头顶上留一小撮头发，编成辫子，男孩喜欢戴羊毛线织成的套头帽，在面部留有孔眼，帽顶有一个大线穗。

2. 成人服饰

成年妇女穿短上衣，过去用麻布，现在用棉布，多喜欢白色，右面开襟，下襟较短，窄袖、高领。领和衣边镶嵌金银花边的夹衣，称“金边衣裳”，下身穿裙子，裙子束腰、多褶，称“百褶裙”，有白、蓝等颜色，裙子下摆拖及地面，走路和劳动时，将裙子往上提，折在腰带上。在裙子中间，横绣一条红色彩线，传说那是一条神圣的迁徙路线图。

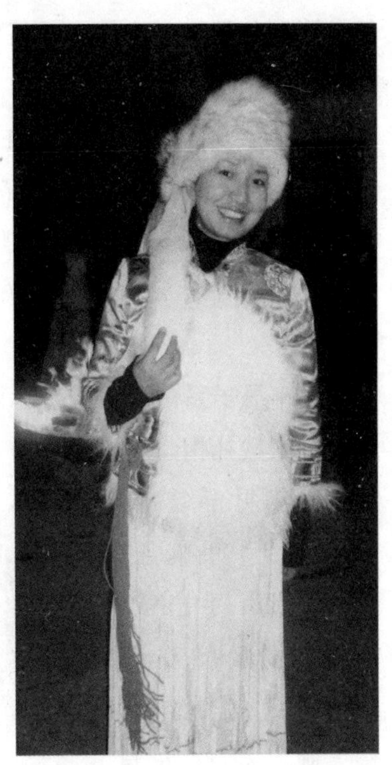

青年妇女的服饰　（曹文山摄）

普米语称裙子中间的红色彩线为“纳珠”，意为祖先迁徙的路线，人死后，沿着这条路线回到祖先身边，故裙子上必须要有“纳珠”，否则找不到祖先，回不了老家，沦为孤魂野鬼。

成年妇女腰带较长，有麻布、皮革和毛织三种，两端均有绣花和线穗，图案有蝴蝶、铜壶、剪刀窗花。成年妇女都留长发、梳辫子，喜用大块的黑布包缚头部，并喜欢戴牦牛尾巴做成的假发，在发髻上拴上若干紫包、蓝色彩线和串珠，戴耳坠或银环，脖子上悬挂珊瑚、玛瑙和料珠，胸前佩戴银链子，并戴手镯和银戒指。

普米民间传说中，女人戴耳环手镯的由来，是因为：古时天下的男人都很笨，而女人却很聪明伶俐，有一天，天上的女菩萨下凡巡视，目睹了男人的愚蠢行为，认为这是女人们太聪明了的缘故，便心生一计，变成了无数佩戴耳环手镯的美女，到人间嫁给没有妻子的男人们，他们有了孩子后，照样给女孩佩戴耳环手镯，这样，女人们的聪明才智被限制住了，后来男人才慢慢变得聪明。

成年妇女披羊皮，有山羊、绵羊两种，另外还有一种牦牛皮披毡，在披毡上系两根带子，斜披在后背上，既是防寒服装，还能垫坐，晚上可用作铺盖。成年男子上穿短上衣，右开襟、银纽扣，下穿肥大裤子，过去为麻布或毛织品缝制，后用棉布，颜色以黑色为主，蓝色为辅，外边穿一件长衫，与小孩长衫相同，下肢绑麻布裹脚，穿高筒皮靴。

成年男子系白羊毛腰带，两头绣花、留长发，过去戴一种圆毡帽，近代以来戴礼帽，冬天戴狐皮瓜帽。

成年男子装饰物品有不少。手腕上戴象牙手镯，手指戴银戒指，腰佩长刀，腰带上系鹿皮口袋，内装火镰、火石、火草。火镰是普米族传统的取火工具，是钢制的，形状与人的耳朵相似，

成年男子的服饰 （曹文山摄）

火石是一种坚硬无比的石头，取火时将少许火草附着在火石表面，再用火镰擦击火石，如此重复几次，飞溅出的火星能轻易将火草点燃，便可引取火种。这是一种环保、安全、便利的取火方式，但现在已经很少用了。

3. 老年服饰

老年妇女着黑色上衣，外穿金边衣裳，下着黑色裙子，扎素色腰带，用黑布包头，头部不用牦牛假发和彩线，不戴装饰品。

老年男子衣服有上衣、裤子、绑腿、裤带、长衫、不扎腰带，也不戴镯子，整个装饰追求朴实、简化，头顶留一撮毛发，其他剃光，外包黑色布帕子，不用彩线。

二、饮食："醅"酒醉人、猪膘肉飘香

普米族是古羌遗裔，普米先民曾经在青藏高原游牧，据普米人传说，先民们在没有铜铁炊具和陶制器皿的条件下过着游牧的生活，食兽肉穿其皮，肉是在火上烤熟了就吃。普米族祖先曾经长期游牧的青藏高原，那里人烟稀少，几乎与外界隔绝，他们的先民曾用羊胃、羊皮煮肉，用石头烤粑粑，用木槽热水等。

普米族地区粮食作物主要有包谷、青稞、大麦、燕麦和荞麦，"糌粑"是普米族传统食品。做"糌粑"的原料是大麦、燕麦、荞麦和包谷，先将这些粮食炒熟，放在水磨或水碓中磨成粉末，用竹筛子筛过，就成了糌粑面，"糌粑"的优点是食用方便，外出劳作时便于携带。

近代以来，普米族学会了种植蔬菜，主要有圆白菜、青菜、白菜、南瓜、萝卜、土豆等，做菜的方法比较简单，多采取煮、炒、腌等方式。

普米族地区畜牧业历史悠久，盛产牛、马、羊，常食牛羊肉，喜用牛肉晾晒后制成牛肉干，用牦牛奶制作酥油、奶酪等奶制品。

牛肉干粉末制作方法：首先将宰杀后的牛肉晾晒干，然后放在石磨上磨成粉末，与制作压缩饼干的原理相似。普米地区新中国成立前交通不便，因牛肉干粉便于携带，一小袋够食半年之久，故成为远行之人至爱。

普米族擅长制作“猪膘肉”，历史悠久，味道陈香，因形状酷似琵琶，又称“琵琶肉”。猪膘肉是普米人加工整猪的一种特殊方法，每个普米家庭每年都要制作1～2个猪膘。

“猪膘肉”制作方法：将刚宰杀后的猪洗净，除去内脏骨骼，用盐巴和花椒撒在猪腹内搓揉，然后缝合，置于通风阴凉处用石板压盖，待风干后就成了一头完整的腊猪。猪膘一般可以放置数年不变质，食用时要一圈圈地切下来，在旧社会，“猪膘肉”既是殷实之家的象征，也是祭品和礼品，用途广泛，大则馈赠整只，小则分而赠之，洋溢着主人的一份心意、一份温情。

酒是普米人喜爱的饮料，普米族酒文化传承了游牧民族豪放善饮的遗风。普米地区普遍饮酒成风，普米人喝酒的天赋与生俱来，“会吃奶就会喝酒”，普米族谚语“无酒不成话”，意思是少了酒语言都乏味，体现不出主人待客的诚意，在婚丧和集会时，使用牛角杯盛酒敬客，主人以将客人灌得酩酊大醉为体面。

普米人酿酒历史悠久，工艺独特。酒分烧酒、酯酒和米酒三类。其中，酯酒别具风味。酯酒，又名苏理玛酒，是一种水酒，黄颜色，酒精度数不高，但营养丰富、味道甘美、性凉、清火，是普米人家待客访友的上等佳酿。

酿造酯酒只需发酵而不需要蒸馏。喝酒时，众人围坐在酒坛四周，将一根竹竿插入酒坛，众人依次口吸竹竿，轮番饮酒。

在普米村庄，每逢集体活动，人们喜欢互敬牛角酒，唱响古老的酒歌：

八月里，箐边割来嫩竹草，精心把耕牛饲养，耕牛起膘身强壮。

十月到，山里人家种荞麦，辅足肥料播下种，种下麦田一片片。

正月间，新春佳节心欢喜，禾苗钻出土，引来泉水浇麦田。

二月来，禾苗生长快，麦秆弯腰催叶伸，麦苗昂首往上窜。

三月艳阳天，风吹麦田放金光，姑娘小伙收麦忙，丰收的果实装满仓。

四月初，木楞房里喜洋洋，阿妈阿姐酿酒忙，发酵的苏理玛香又甜。

五月端午节，砍来山竹子，做成咂竿来吸酒，喝一口，心已醉，调子三天唱不尽。

千百年来，普米族都在传唱着这首古老的酒歌，也用这种古老的工艺制作酒曲，然后用这种酒曲制作醅酒。

醅酒，据说是普米族的民间英雄什撰何大祖传授下来的：

某日，什撰何大祖为追杀一个老妖婆，来到了阴间。此时，从一个大岩洞中传出隐隐约约的声音，他趴在洞口一看，只见老妖婆躺在一张石床上，小妖们正给她敬醅酒，以解除疲劳。有个小妖精大概是忘记了酿造醅酒的方法，在向老妖婆请教，老妖婆颇为不耐烦地说：

“把大麦煮熟后，盛在大簸箕里冷却，待水汽干后，把苦草粉拌进去，放入土坛中密封好，三七二十一天后，醅酒就酿出来了。”

什撰何大祖牢牢记住了老妖婆的话，然后，他在山洞口放了一把火，顷刻间，烈火吞噬了群妖。

什撰何大祖扫除了妖魔后，走村串寨，向人们传授从妖精那里偷听来的酿酒方法，从此，普米人学会了酿制醅酒。

醅酒在一千多年前曾出现在唐歌中。白居易《问刘十九》："绿蚁新醅酒，红泥小火炉，晚来天欲雪，能饮一杯无?"杜甫《客至》："舍南舍北皆春水，但见群鸥日日来。花径不曾缘客扫，蓬门今始为君开。盘飧市远无兼味，樽酒家贫只旧醅。肯与邻翁相对饮，隔篱呼取尽余杯。"唐诗中提到的"醅"酒，竟然在千载之后，仍然原本保留在普米人中，而在其他地方，早已杳无踪迹。此时，时间仿佛停滞了，普米醅酒制作工艺似乎可以追溯到千年之前。

另外，普米人有喝茶的嗜好，每天起床后，以及中午和晚饭前都各喝一次茶。在农村，上了年纪的普米人喜欢用茶罐煨茶，一个陶瓷制成的小茶罐随时放在火塘边，放入砖茶和盐，又称"盐巴茶"，其味道浓烈、又苦又涩。普米族谚语形容茶罐："有个倌倌（老人），天天守火塘"，普米人自古饮茶成风、嗜茶如命，一日不饮茶则会头昏脑涨、神思恍惚。普米人的茶文化贯穿在日常礼仪中，如邀请客人时会说："请到我家吃茶。"普米族一日三餐不可无茶，可谓茶的民族。

三、民居：木楞房——永远的家

普米族已经完成了从游牧到农耕的转变，实现了定居。普米族的村落多分布于半山缓坡地带，以血缘关系聚族而居，往往同一氏族组成一个村落，各村落间炊烟相望，鸡犬相闻。村落无统一布局，一般由若干院落组成，各户自成院落，互为邻里。比较典型的院落是四合院式的，包括正房、东厢房、西厢房和门楼。正房也称为母房，是院落的主要建筑，也是一家人活动的中心。传统住宅几乎是清一色的木楞房，只有少数有钱人家盖片瓦。

普米族木楞房为全木结构搭建，四壁由原木上下叠加而成，在四

角交接处砍出码口，上下左右卡紧。木板作瓦，称为“黄板”，正房一般长 6.5 米、宽 3 米许，四角立有大柱，中央立一方柱，称“擎天柱”(普米语称“三玛娃”)，被认为是神灵所在的地方。屋脊架“人”字形横梁，用木板或青瓦盖顶，四周墙壁均用圆木垒砌而成，这种房子俗称“木楞房子”或“木垒子”。一般分上下两层，上层住人，下层关牲畜或堆放杂物。

木楞房 （曹文山摄）

据说，普米先民最初不会修建房屋，住在岩洞和树穴中，过着风餐露宿的原始生活，一次偶然机会，有人看见山蚂蚁群体拖动小树枝往洞穴运送，用来搭建洞穴；看见山斑鸠衔来枝条搭造鸟窝，由此受到启示，便模仿山蚂蚁、山斑鸠，搬来木料、山草盖起了木楞房。

最能够体现普米族建筑模式成就的是正房，普米族语称为“金妈给座”，意思是“母房九间”。此种建筑格式原在普米族聚居区较为普遍，但后来遭大肆毁坏，被零散分割成小间分给其他人居住，所以保存很少。根据调查，20 世纪 90 年代，宁蒗县上拉垮村还有 7 户普米人家有这种老式房屋，其他各地区也有零星保留。

按照普米人的说法，他们之所以发明此种建筑模式，是由于普米族盛行父系大家庭的实际需要，九弟兄居住同一屋，齐心治家。一房内分九室（也有十三室的），这是普米族家庭团结兴旺的象征。其实在当时条件下，这种生活模式有利于分工协作，抵御外侮，同时有效地减少了以家庭为单位的土司税赋，客观上又避免了因分家而带来的对木材和土地的消耗。因此，这种一房九间的木屋成为普米族最认同的一种，它不仅展现了中国西部山地民族典型的建筑风格，而且也从一个侧面反映了普米先民的聪明智慧。

普米族的床和汉族地区的炕有些相似。一般是对着屋门的后墙脚下砌较宽的大床，高出地面约两尺，直通两边，床上铺木板。在大床的正中央，以土石砌成火塘，其上架起锅庄（也叫下锅庄），平时不使用，仅在祭祖和来客时才用。在火塘靠墙的位置，设立灶神和大锅庄，顺壁搭起一木制神龛，用以供奉各种神灵，其前摆有香炉、净水碗。

四、交通：山高水远路茫茫

普米地区镶嵌在大山的褶皱里，过去交通极为不便，人们外出，要翻山越岭，无论是走访亲戚或外出贸易，或徒步而行，或乘骑而往。男子常携带一把短刀，作护身或切削东西之用，腰上系挂一小巧的多格皮腰口袋，内装取火工具、烟、钱等物，这是成年男子的习惯装束。如携带东西时，肩上斜挎一个口小、腹大的皮口袋，内装干粮和其他物件。他们背运东西时，常以皮绳捆拴，不用背架。

妇女外出，一般手提竹篮或肩背一只背篓，内装羊毛、麻及纺织工具等，以便间隙时临时做活。妇女背运较重的物品，在肩上搭一块羊皮防磨，仍用皮绳和背箩背。为便于妇女木桶背水，一般都在河边、井旁搭一木架，她们汲完水，先将水桶放到木架上，然后再上肩背负。

盖楼、修房需用大量的木料，一般都由男子两人抬或用肩扛等办法运输。但大量的日常劳动，如背粮食、背柴草、背肥料、背娃娃等，则多由妇女承担。

过去，普米地区运输工具主要是马帮，普米族善于养马、骡，每个村落都有马帮，大多组成一个集体，互相照应，赶马人被称为“马锅头”或“马脚子”。

长途运输的马帮随身携带粮食、猪膘、马料及锅、水桶等物件，马帮行程以站计，每站为一天的行程，五六十里，马帮一般选择在平缓背风的地方打野，以方便野餐露宿。

马帮起程是件大事，要敬山神，卜卦吉日。马帮的生活很艰辛，正是这些披星戴月的马脚子一头连着富裕文明，另一头挑起民族新生的大梁。马蹄声碎，旅途茫茫，“赶马调”唱出了赶马人一路风雨兼程，走向永恒的茶马古道。

阿哩呀哩呀辽辽，赶马人唱起赶马歌，今日起程何时还，只有歌声同我行。

备上金箍的马鞍子，佩上晶亮的银铃铛，驮上山里人物品，离开家门奔他乡。

赶马人出走没有家，山川河谷把身安，马儿日夜和山路作伴。

赶马人同山歌相随，异乡迷人的风光，赶马人想起遥远的家乡。

马儿啊，我亲爱的伙伴，我们出门才有三天，你为何走得那么慢，莫非身上的驮子重，还是思念着家乡的木房。

阿哩呀哩呀辽辽，赶马人唱不尽赶马的歌，山歌无本代代传，伴我赶马人走天涯。

普米族村庄大多依山傍水，逢山开路，遇水搭桥。普米人善架桥。在小点的河流上架木桥，仅在岸边立几个木桩，桩上再架几根横木；在大些的河上架桥时，先在两岸搭起木垒子，然后有如建房中的挑房檐，将层层垒压的圆木逐渐往河心延伸，最后会拢于河心，即整座桥就是一个中空的垒子，再往木垒子的空隙中堆石土使其牢固，便成大桥。

历史上，普米先民还善于在江河上架设溜索桥。普米先民过去生活在滇西北和川西的广大区域，江河纵横，出行不便，面对滔滔不绝的江河水，普米人发挥自己的聪明才智，用竹篾子为材料，制成巨型篾绳，以斜张的形式架设于江上，这种溜索桥，称为“笮”，架桥工艺达到了很高水平，史书称为“笮都夷”。

过去，普米族地区水上交通工具有独木舟、牛皮船等。泸沽湖畔的普米人使用独木舟作水上交通工具。独木舟由一根原木挖制而成，比较窄小，形状如猪槽，又称“猪槽船”。羊皮船有两种形状。一种是羊皮囊，在金沙江、冲江河两岸居住的普米族，用整张羊皮囊充气作漂浮工具，过河时将其抱在胸前和腹下，增加浮力；另一种是将若干个皮囊拴在一个长方形木架上，形成羊皮筏子，载人载货。

第三节　条条山路通小康

新中国成立前，普米族人民是受压迫阶层，家园破败、民不聊生，大众目不识丁，没有人身自由，甚至沦为家奴，饱受民族压迫歧视之苦。1949 后，普米族地区得到解放，千千万万贫穷落后的普米族人民成为中华人民共和国主人。普米族民族成分得到国家承认，光荣地成为新中国 56 个民族中的一员。国家对少数民族地区实行民族自治政策，云南省普米族聚居地区成立了普米族自治县、自治乡等政权组织，普米族人民充分享受党的民族政策带来的实惠和幸福。

新中国成立以前，普米族社会总体上还处于封建领主制和封建地主制社会阶段，此外，部分地区还保留着家庭奴隶制的残余形态，以及或多或少的原始公社残余。原有的、落后的社会政治经济形态直至今日遗毒未清。

石磨 （姚金林摄）

经济落后、贫困面大、人民生活水平低，是山区普米族农民普遍存在的现象。

普米族聚居的村寨，大部分都分布在高海拔山区，村寨不通路、不通水、不通电、不通广播电视的情况非常普遍，基础设施十分薄弱，严重影响了山区普米族的生活和社会经济的发展。

普米族虽然是一个重视教育的民族，但与发达地区和周边先进民族相比，文盲、半文盲比率高，人口素质低，高层次人才匮乏。严重制约了普米族地区民族教育的发展。

普米族生活在高寒山区，医疗卫生条件较差，农村医疗预防、保健工作落后，乡卫生院和村卫生室条件差，医务人员素质低，经费投入少，医疗设备简单、陈旧，防病治病能力弱，农村医疗服务体系不健全，群众就医困难。

普米族地区的森林资源遭受了四次严重的破坏。此外，随着人口的增加，建房、冬季取暖大多依靠木炭，烧烤行业依赖木炭，每年都消耗大量的森林资源。由于存在这些情况，造成祖祖辈辈保护下来的许多成片森林被砍光，不少地区生态环境遭到破坏，水源枯竭、水土流失、旱象严重，草甸退化，牲畜没有草吃。

总之，普米族地区面临解决贫困人口温饱问题和全面建设小康社会的双重任务，面临加快经济社会发展和保护生态环境的突出矛盾，实现普米族地区城乡及区域协调发展，特别是缩小同发达地区以及与先进民族发展差距的任务异常繁重而艰难。

近年来，随着西部大开发和社会主义新农村战略的实施，普米族地区的发展问题日益凸显出来，受到国家高度重视。从 2005 年开始，中央到地方各级政府，相继出台了扶持人口较少民族发展的政策和规划，编制村级实施规划、民族专项资金实施规划，力争做到规划一个村，实施一个村，发展一个村，以自然村为单位，实施整村推进，以行政村为单位，改善基础条件、形成合力、全面推进、对口帮扶。要通过一段时间的努力，使人口较少民族聚居的行政村的基础设施得到明显改善，群众生产生活存在的突出问题得到有效解决，基本解决现有贫困人口的温饱问题，经济社会发展基本达到当地中等或以上水平，达到全面建设小康社会的要求。

国家和社会大力扶持人口较少民族，勾画了人口较少民族加快发展的美好前景。对我国 22 个人口较少民族之一的普米族而言，是一次历史机遇，普米地区迎来了经济社会发展的黄金时期。我们完全有理由相信，随着国家对人口较少民族发展规划的实施，普米地区即将迎来全面发展的春天，小康社会不再遥远。

近年来，国家对普米族实行人口较少民族特殊政策以来，普米地区基础设施得到改善，社会有了长足发展，生活水平有了显著提高。除极少部分地区因原有生产力落后，以及受自然条件所限，尚从事着落后的生产方式，如“轮耕”甚至是“刀耕火种”，尚未越过温饱线外，大部分普米人生活普遍富裕，与全国各族人民一道，正向全面建设小康社会阔步迈进。

今天，普米族所在地已不再是远古岁月中的密林清泉、山高路远。过去风餐露宿于树穴岩洞之下，几代人挤在摇摇欲坠的木楞房里，如

今住上了明亮的砖瓦楼房，楼上楼下、电灯电话，电视、电冰箱、洗衣机等现代设施一应俱全。现今木楞房的存在，更多是一种象征和特定场所的需要。过去，普米人用麻布毛毡裹身，一家几口人只有一件长衫，“新三年、旧三年、补补缝缝又三年”，谁出门谁穿，大多数人常年衣不蔽体，男女都打赤脚，普米族穷人没有铺盖被褥，白天坐地休息，夜晚环火而眠，在寒冬腊月，穷人们经常钻进草楼的燕麦草里过夜；如今，男人们西装革履，女人们四季更换不同的服装；家里被褥毛毯、席梦思床比比皆是。过去，普米人食谱单调，吃肉不过猪膘肉、喝酒不过苏理玛（醅酒）；如今，无论是城镇或是乡村，普米人餐桌上四季新鲜蔬菜水果不断。过去，镶嵌在大山褶皱里的普米人，交通极为不便；如今公路修到了最偏远的山乡，省城、县城不再遥远，“朝辞白帝彩云间，千里江陵一日还”；“对面说话听得见，相见要走一天路”的普米山寨，如今行驶着汽车、拖拉机，汽车绕着山寨转。过去，得了病无医无药，只有杀牲祭鬼，如今医院遍布乡村。过去靠口弦牛角传递信息，如今手机里讲着普米语，电话直通海内外。过去，祖祖辈辈靠松明火把照明，如今楼上楼下白天黑夜一样亮。

现在，普米人再也不把猪膘肉的多少、骡马的多少看作是财富的象征，普米山寨里年轻人走出大山，走进城市，甚至出国深造，他们的牛羊品种在改良，粮食品种在优化，耕作方式有进步，许多普米人掌握了果树栽植、嫁接的技术，经济林果业成为许多家庭重要的经济收入。生态文明的观念逐渐在山区普米人中生根，普米族群众积极参与“退耕还林”，大力营造次生林，恢复植被。现在，普米地区生态环境一般都保护良好。过去，住在深山的普米族很少与外界交往，过着自给自足的封闭式生活，商品交换极不发达，偶然交换也只是以物易物。如今，普米人跨出家门，汽车载运着他们的农副产品驰向四面八方，普米商贩穿梭在城乡的大街小巷，商人、老板、企业家层出不穷。

心灵手巧的工匠和民间艺人，将纺织、酿酒、皮革、木器制作、竹器编织、制陶等传统工艺产品展示给外面的世界。

迎接宾客　（姚金林摄）

走进普米村寨，宽敞整洁的水泥路面，四季长流的自来水，家家户户的电视电话，明亮舒适的砖瓦房，村道上奔驰的摩托车、农用车，这是普米族山乡巨变的一个缩影。近年来，普米族聚居区的村容村貌发生了翻天覆地的变化，走进普米村寨，你会发觉那里既传统又现代。

普米地区的生产生活正在向着小康生活迈进，普米族变得一天比一天繁荣，一天比一天富裕，一天比一天文明，一天比一天美丽。

第六章

云彩为笔　大地作纸

第一节　隐藏在远山的文化密码

一、舌尖上的舞蹈——普米语

普米族语言属汉藏语系藏缅语族羌语支。尽管普米族居住地分散，但各地方言差别不大，一般都能互相通话，这表明普米族历史上曾经出现过一个聚族而居、繁盛发展的时期。

除云南省普米族使用普米语外，四川省木里藏族自治县、盐源县和九龙县的部分藏族也使用普米语。普米语分为南北两个方言，方言之间差异不大，彼此能通话。南部方言分布在云南省兰坪、丽江、永胜等县及宁蒗县的新营盘。北部方言主要分布在四川省木里、盐源、九龙等县以及云南宁蒗的永宁地区。

藏缅语族是汉藏语系中语言支系最多的一个语族。中国有 17 个民族使用该语族的数十种语言；中国上古史中传说的黄帝和炎帝，与藏缅语族的先民古羌人有一定关系；中国第一个王朝——夏朝是由古羌人建立的；殷商时期，羌人活跃在中原大地；秦朝时，众羌中的一部分被秦兵驱赶，迁出西羌故地甘、青一带，其中一支沿横断山脉南迁，至滇西北，形成了普米族。

普米语语音中，有43个单辅音声母，22个复辅音声母。普米语词汇丰富，分类较细，其中多音节词占多数，复合词多，单纯词少，具体名词多，抽象名词少。

普米族的神话传说赋予普米语言的由来神秘色彩。语言的由来，语言学家早有定论，从中可看出普米先民奇妙的想象力，神话说：

远古时代，洪水滔天过后，大地上只剩下一个人，他孑然一身，漫无目的地在大地上游荡。

一天，他来到一条河边，遇到一只过不了河的老鼠，他帮助老鼠渡过了河，为了报答他的恩情，老鼠告诉他，前边有一个长翅膀的姑娘在洗衣服，如能用刀割掉她的翅膀，就可以娶她为妻子。

他按照老鼠的吩咐做了，仙女的翅膀割断后，无法回到天上，只好嫁给了他，在其后的几年里，为他生了三个孩子。三个孩子渐渐长大，但不知什么原因，都不会说话。仙女只好回到天上去问天神父亲，父亲告诉她，回家后，把马群赶进园根地里，让三个孩子看见，就会说话了。

仙女回到人间后，当着三个孩子的面，把马群赶进了园根地里，三个孩子情急之下，老大说了句普米话“滚良子啰”；老二说出一句藏话“冬尼羊马宗”；老三说出一句纳西话“入尼阿克克”，都是“马吃菜叶了”的意思，三兄弟的后人就成了普米族、藏族、纳西族三个民族。普米语言由此流传下来。

普米语较完整地保留了古羌语特征。相对其他原住民族，普米族到达川滇边区的历史并不久远，大约在7世纪，所以并没有受到太多土著民族的影响，在语言中保留了更多的古羌语形态，这对于研究汉藏语系的起源意义重大。

羌语支的十几个语种保留在川滇边区的深山峡谷中，在汉语和藏语两方面强势影响的夹缝中存活至今，成了珍贵的活化石级语言。普米语分布在古羌语支语言走廊的最南端，除了羌语和嘉绒语，普米语是羌语支中使用人数最多的语种。

羌语支包括羌、嘉绒、普米等12种活着的语言，及一种已经死亡的文献语言——西夏语，是藏缅语族中保留古老面貌较多的一个语言集团。说羌语支的人原则上是古羌人的后裔，他们大多分布在横断山脉以东的金沙江、雅砻江、大渡河、岷江、嘉陵江上游，由南到北的河谷地带及两岸的台地上。西边是说藏语的人，东边是说汉语和彝语的人群，他们至今仍然保留一些传统的深层文化特征，使他们显得像古羌人一样古老。

普米族是一个善于学习的民族，在与周边各民族的长期友好往来中，具备了兼通周围民族语言的本领，普遍兼通汉族、彝族、白族、纳西族、藏族等民族语言，语言是各民族间交流的信使和桥梁，是普米人融入多民族社会的通行证。

纳西族《东巴经》形容普米族："巴（普米）人长有七张舌头，能言善辩的人，有九颗胆的强悍和野蛮的种族。"毗邻的兄弟民族公认普米人普遍有语言天赋，普米族俗语"会说话的人会唱歌，能走路的人能跳舞"，说明普米族有兼容并包、吞吐万物的胸襟，犹如海纳百川，以天地人为师，区区万余人口，从古走到今，舌尖上舞蹈的本领也许是与生俱来。普米语言承载着一个民族历史的厚重，灵魂深处那一抹共鸣释放出潜伏于远山中的文化密码。

普米语称汉族为"夏"（夏人），说明他们在遥远的古代就与汉族交往密切，共同缔造了早期华夏文明。

作为一个濒危的古羌语，由于受诸多因素的影响，普米语正面临消亡，保护、抢救普米语言已经刻不容缓。

保护普米语最好的办法是将其纳入现代教育中。创办普米族小学汉语、普米语双语班，就是对普米族语言保护、抢救一种很好的尝试。近年来，在宁蒗县普米族传统文化保护协会的倡导和社会各界爱心人士的资助下，宁蒗县教育局在县民族小学创办了双语班，招收普米族小学高年级学生，用汉语和普米语同时教学，借助藏文字母拼写普米语。从2010年开始，双语班每年招收1个班级，通过3年教学，学生可基本掌握藏文，并用藏文字母写读普米语。

二、他山之石——尘封的普米文字

1. 刻划符号与图画文字

普米族没有文字，没有成熟的书写系统，一般使用汉文，但在过去曾使用一种刻画符号，用于建筑纯木结构的木楞房子时作标记和计数，还曾使用过一种简单的图画文字，字数少。但这些并没有严格的文化传承，其形体和意义具有一定的个人随意性，没有标准化，所以流传不广，处于文字的萌芽状态，都未发展演变成真正的文字。

普米族的刻划符号古老而简单，是适应该族建筑以圆木搭建木楞房子的需要而产生的。建木楞房子需事先准备大量圆木，在木料伐倒后随即就地剥去树皮，然后把圆木架于山石之上，待其晾干。为防止木料遗失或拿错，主人要在木料上砍一定的符号，标明是有主之材，他人不再触动。此种符号称占有符号，一般比较简单，随意性也较大，由各户任意砍刻。而且其中的某种符号也并不属某户专用，其他人家照样可以使用，目的是能据此将建房木料与其他木料区别开来就行。

由于普米族的木楞房子是正方形的，又讲究正房的门必须朝阳，所以在搬迁房屋时，必须标志出每个方向的木料，从而出现若干表示方位的符号。图中的三组方位符号是在宁蒗县比奇村收集的。这些符号一般无一定含义，仅有几种有一定解释。○代表东方，当地认为，

东指太阳升起的地方，所以用太阳的形状表示东方；相反的方向为日落之所，是为西。∩也是太阳的形象，表示太阳刚刚露出地面，即黎明之时，代表太阳在向西行进，位于南方。Λ代表山峰，比奇村西南山峦起伏，故以Λ代表西方，也是日没的方向。X表示北方。由于是各人随意砍刻，并无一定之规，还可以有其他的表示方法。木楞子每面有18～23级，需要事先筹划，排出顺序。为此，普米族又发明了一种记数符号，一般是划一竖道“｜”表示1，划两道“｜｜”表示2，依次类推，以之记数。在数字符号前，加上方位符号，就可以准确地排出每一根圆木的具体位置，人们就能迅速而有条不紊地搭建木垒子。

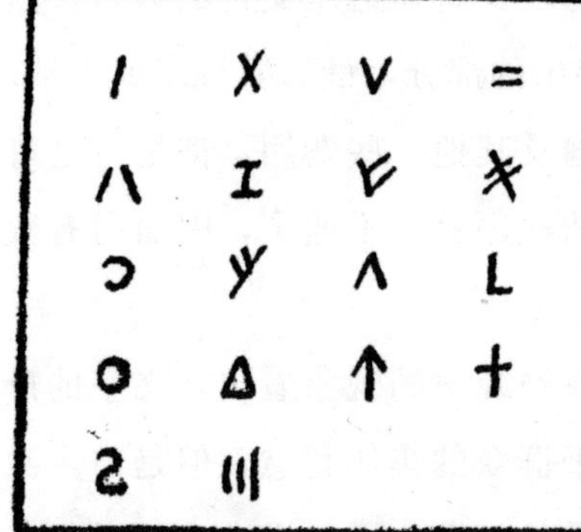

普米族刻划符号

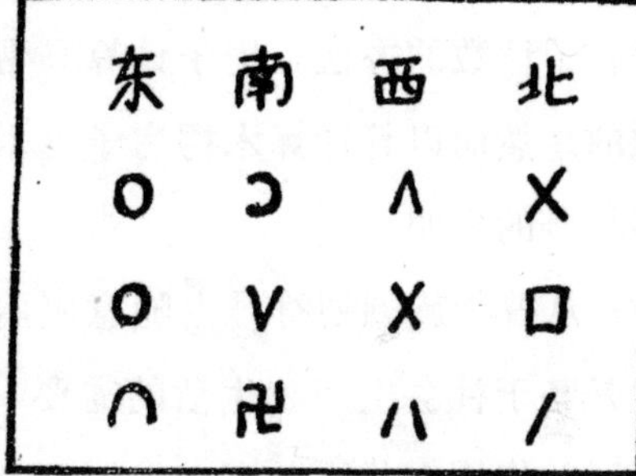

普米族方位符号

普米族的刻划符号有一定特点。其一，刻划符号有一定地方性，如与普米毗邻的摩梭人（纳西支系）也同样使用，只是具体符号不尽相同而已。其二，刻划符号有很大的随意性，无论是占有符号、方位符号或计数符号，都是各人随意砍刻，形式多样。其三，刻划符号有形无音，但能表意，具有能传诸远方、遗留后世的作用。同时对于房屋的顺利施工、修缮改建都有着重要作用。所以，刻划符号在普米族的现实生活中仍有生命力。其四，某些符号已开始走向统一。在普米族的刻划符号中，有一种现象值得注意，就是他们的数字符号已趋向

统一，因为刻划符号的使用具有群众性。由于无论是搬运木料，还是搭建房屋，都有赖全村的协力，就要求木料上的符号能为一般人所理解。其中数量最多、又容易造成紊乱的是数字符号。正是从这里开始，出现了约定俗成的趋向统一的现象。

普米族在生产、生活中积累了相当的数学知识，采用十进位制。但在旧社会，由于物质生活水平较低，对数学的需要有限，所以连算盘这样的计算工具也不使用。日常生活中需要计算时，则以石子和粮食等物作数码计算。如当地赶马经商的人结账时，取大、中、小石子若干，代表百、十、个位，计算时每个人报告自己支付的数字，就往地上堆相应的石子，最后看石子总数的多少就知道总支付的数目。然后按人分摊，每人一份，扣除自己已垫出的部分，最后实行多退少补。以石子计数的方法，用于计算马帮运输及其他一些费用，都是行之有效的。然而以其计算木楞房子上木料的次序就行不通了，因而另有数字符号的发明。

从普米族刻划符号由随意应用到渐趋统一的现象看出，文字的产生是基于社会生产和生活的需要，基于群众的集体智慧，但是与少数工匠的作用也分不开。在发明刻划符号的初期，可以说人人都是创造者。人们在反复使用刻划符号的长期实践中，某些在建筑中起着设计和指挥等重要作用的建房能手，既注意吸取他人刻划记事的经验，又善于总结、提高，逐渐刻划出一些形式稳定、又易于使用的符号，促进了某些符号趋向统一。

从历史来源上看，刻划符号是在木刻、结绳记事的基础上发展而来，后来又演变为图画文字，普米族的情况正是如此。

普米族的图画文字还处于萌芽状态，不仅数量少，在民间也不大流行，只有少数韩规使用。因韩规的始祖叫“丁巴”，所以此种文字也可称为丁巴文，多为祭祀和占卜活动的需要而书写，目的是将祭祀的

顺序和内容记载下来。普米的图画文字已大致有一定格式，每个字就是一幅图画，画人如人，画牛如牛，没有省略。它与丽江纳西族的东巴文相比较，是一种更为原始的文字，如在比奇村收集到的五十多个常见常用的图画文字。在瓦都村的西厢房也发现一组图画文字，两侧为吊形，高8厘米、墨书、点为红色，据说这是八卦图；图案中央偏下为日月纹，长5厘米、红色，据说这是针，也是光线；中间为日，直径5厘米、外边黑色、内部红色，下为弯月，长13.5厘米、宽5厘米，同样是黑线勾画，内涂丹红，弯口朝上，作捧日之状。一些人家在门上画日月纹，以祈吉祥。正如郭沫若指出的，文字的发展，“在结构上有两个系统，一个是刻划系统（六书中的‘指事’），另一种是图形系统（六书中的‘象形’）。刻划系统是结绳契木的演进，为数不多。这一系统应在图形系统之前，因为任何民族的幼年时期要走上象形的道路，即描画客观形象而要能像，那还需要一段发展过程”。普米族的实例证明，这一论证是正确的，他们正是在刻划符号的基础上，开始创造图画文字的。

2. 韩规文

藏族与普米族在历史上同属古老的氐羌民族，在“同源异流”的民族文化流动过程中所表现出的共性，是通过族际间的接触和文化交流形成的。

普米族历史上曾用古藏文字母来拼记普米语，记载民族历史、传说、宗教、诗歌故事，其中使用最多的是经师——“韩规”，韩规用韩规文来记载各类原始宗教经典，皈依喇嘛教的僧侣则直接学习和使用藏文。

普米族文字到哪里去了？普米族原本有文字，据说是一次偶然的变故，使普米族丢失了文字：

有个普米族小伙子，受乡亲们的派遣，到西藏拉萨去学喇嘛，他赶着马帮，经过长途跋涉到达了拉萨城，因语言不通，费尽周折，才找到喇嘛寺。小伙子的虔诚和执着终于感动了大喇嘛，给了他几套经书。取到经后，小伙日夜兼程往家赶。

韩规经书

有一天，他在山脚下一间茅草房里过夜，次日醒来，大吃一惊，所有的经书都不见了。

他找遍了整个山坳，经书仍无影无踪，正在进退维谷之时，从树丛里钻出一个老头，对他说："你取回的是藏族的经典，藏文经怎么能念呢，藏王已经把经书收回去了。"

小伙子叫苦不迭，哀求说："我费尽千辛万苦才取到经书，现在又没了，回去如何向普米同胞交代呢。"

老人一边安慰他，一边拿出一张破牛皮，嘱咐他把这张牛皮拿回去，说完忽然消失了。

小伙子捡起老头扔下的烂牛皮，只见上面印有许多图案，

他满腹疑团，带上烂牛皮回家了。

到家后，小伙筋疲力尽，把烂牛皮放在屋外的柴堆上，倒在床上呼呼大睡。

第二天一大早，乡亲们听说小伙取经回来了，纷纷过来看他，小伙诉说了取经路上的艰辛和奇遇，正准备将烂牛皮展示给邻居们看，却发现烂牛皮又一次失踪。大家分头去找，却看见狗群正在撕扯烂牛皮。

大伙立刻赶走了狗群，可惜牛皮已经被吃掉了一大半，只剩下巴掌大的两小块了。

据说，现在韩规用的文字就是那两小块牛皮上留下的文字，当初如果牛皮不被狗吃掉，普米文字就会流传下来。

普米韩规用古藏文字母拼写普米语。据统计，用藏文大草抄写的经书，内容分为 8 大类，1179 册，可谓卷帙浩繁。近年来，宁蒗县普米文化保护协会从川滇各地民间收集到部分经书，组织韩规经师进行誊抄、翻译，韩规经书抢救工作正全面展开。

新中国成立以来，普米族像其他民族一样，在学校教育和日常生活中使用普通话和汉字，汉语文在全民族中得到普及。在与其他民族交流时，普米族人特别是青年人能对汉语运用自如，这有助于加深各族人民的沟通，增强民族间的友好关系，在新的征程上携手迈进。

第二节　善恶有神

普米族的宗教信仰，既有祖先崇拜、神灵崇拜，也有信仰藏传佛教的，还残存着对自然的崇拜。

普米族宗教信仰的天空星汉灿烂，大小神祇翱翔在这个信奉多神的民族的天际，或威严、或端庄、或狰狞、或亲昵，大则吞云吐雾，小则隐戒藏形，升则飞腾于宇宙之间，隐则潜伏于波涛之内。无论距离远近，道术深浅，从古至今赐福给普米人民，庇护着这个古老民族的来世今生。

普米族是个思想开放、酷爱自由的民族，普米族谚语："鸡蛋一样大、普米一样大。"这种不拘一格的性格，体现在宗教信仰上，呈现出包容万物、异彩纷呈的宗教情怀，不偏执、不极端、崇尚和谐。普米族信仰多种宗教。既信仰本土原始宗教——韩规教，也信仰外来宗教——喇嘛教，从一般万物有灵的自然崇拜、祖先崇拜、多神崇拜，逐步发展并形成了独具特色的原始宗教——韩规教，同时接纳了喇嘛教。在普米族民间，巫师雅比、祭司韩规、喇嘛等各行其道，各自在信仰的心灵间耕耘，彼此能和谐共处，容忍对方的存在，千百年来相安无事。

普米族宗教信仰的多元性是传统文化中和谐精神的成功展示，体现出与自然生灵共生共荣、包容万物、尊重历史、敬畏生命、保护生态的人文精神及和谐发展的理念。寄托对养育庇护普米人民的山川大地的敬畏和礼赞，传递出对人类赖以生存的自然生态的深切关注和命运亨通的祈祷。祈盼一种人与人、人与社会、人与自然之间和谐共处、共生共荣的生存空间，一条生态美好、生活富裕的和平发展道路。在浓浓的宗教氛围中，书写对宇宙人生至善至美的憧憬。

一、原始崇拜

1. 神灵崇拜：泰然处世，心中有神

普米族神灵崇拜表现在两个方面：一是认为人是肉体和灵魂的统一体，人活着时灵魂会离身，一旦离身，此人就会患病，由此产生各种喊魂仪式；二是认为灵魂是不灭的，当一个人死亡，灵魂便离开了

身体，会成为神，也会成为鬼，前者会庇佑族人，后者会作祟家人，由此产生了各种慰灵敬神及超度禳鬼仪式。

传说从前普米族地区妖精很多，它们四处吃人，有个村子只剩下最后一个人，幸存者在亡命天涯的路上，遇到另一人，此人头戴一顶破草帽，那是一顶能洞穿万物的神奇草帽，他是天王派到人间来灭妖的大神。大神使用法术把妖精消灭殆尽，最后一个妖精被大神变成一头小毛驴，大神把它交给幸存者，叮嘱他用毛驴耕田犁地，重新安家立业，并一再强调，千万不要让毛驴跑了。

幸存者记住大神的话，用一根皮绳把毛驴拴牢，但有一天，毛驴还是挣脱绳子跑进了深山老林，并变成精灵，经常来骚扰祟祸普米村庄，为了驱逐鬼魂，普米族逐渐养成了驱鬼的习俗。

2. 自然崇拜：高山仰止，礼拜自然

在万物有灵的原始思维支配下，普米族把自然物和自然力赋予神性和灵性，对它们顶礼膜拜并把吉凶祸福与神灵的好恶紧紧联系起来。普米族天神创造了人类和万物，山神给人们定居和耕耘之地，灶神左右家人兴衰，龙神释风降雨。在普米族的潜意识里和言行里，无不表现出对神灵的敬畏和虔诚。普米族祭祀神灵的仪式分为祭山神、祭龙神、祭财神、祭战神、祭祖先等。这些超自然力的神奇力量的喜与怒可以决定人们的命运兴衰，只有诚心供奉，讨其欢心，求其庇佑诸事吉祥。

普米族自然崇拜中，对山神的崇拜特别突出，普米族称山神为“日增”。普米族地区到处是崇山峻岭，在那遥远的古代，普米先民对那些日夜出现在他们面前的直插云霄、陡峭险峻、终日云雾缭绕的庞然大山，必然会产生一种阴森、神秘、威严的感觉。先民们认为人类居住的每座山峰，不论其大小都有神灵，而且这些神祇和精灵主宰着人们的吉凶祸福。普米族每户、每个氏族、每村都有各自的山神树，这些树受到保护，不准砍伐，各地普米族均把当地境内的山峦奉为神。

“日增”节是普米族最重要的山神崇拜，“日增”节是普米民间为了永久纪念给苦难中的人们带来康宁福祗的天神。

“日增”，自然万物的主宰神，是普米族祭祀的自然神。相传在遥远的年代，大地上一片混乱，山洞里的妖怪乘着乱世四处吞食生灵，人类面临着灭绝，天神再也看不下去了，派遣天兵天将到人间征服妖魔。一番激战过后，妖怪被全部消灭，人间重归太平，人们开始了安居乐业的生活。

战争的硝烟飘散后，天兵天将们陶醉于人间美景而流连忘返，纷纷向天神要求下凡人间，天神答应了将士们的请求，于是，天兵天将安居在大地的各个地方，久而久之，士兵们化成了小山，当官的化成了大山，当地百姓尊称他们为“日增”，即山神山菩萨。从此，“日增”保佑人间风调雨顺、百畜兴旺、万物昌隆。

由于各地普米族均把自己境内的山峦奉之为神，于是这些山神也就有各自佑护的地域。例如，比奇村信奉“里勒布”、拔佳村信奉“阿纳瓦”等。山神的这种地域性随着时代的演进而逐渐发生变化，一些名山大川成了各地普米人所共有的山神。例如，永宁的“森更干姆”山神，蒗渠的“嘎达雅”山神等，各地敬祀山神时均要念诵到他们的名字。相应地，这些山神受到各部落子民们的供奉。一般每年七月和腊月各户祭本家山神，多以鸡等献祭；在四五月封山和八九月开山时，全村公祭山神，以鸡、羊、牛等供奉献祭。以比奇村为例，人们在山顶偏南一点的地方堆起两堆石头，象征山神所居之地。在石碓下埋有陶罐，罐里象征性地装着金银和粮食，寓为山神的心脏。在石堆的前边砌起十多个石头锅庄，每户砌一个，敬山神时在此烧香烟祭。

烟祭，普米语叫“松冬”，即“煨桑”，燃上一堆柏树枝、杜鹃枝、艾叶等带芳香气味的树枝和草叶，然后把柏香、面粉、酥油、蜂蜜、

奶水以及鲜肉和鲜血投向香火中，以此祭神来求得族人的平安。据说在远古时代，普米人出行或归来也举行这种“煨桑”仪式。如普米族的男子在出征或狩猎时，家中的老人和妇女儿童都要到寨子外面的郊野烧香烟祭，以求得他们征战的胜利和狩猎的丰收。同样，普米族的男子出征或送葬归来时，也要燃一堆树枝和香草，并不断往这些归来者身上洒水，用烟和水来驱除掉男人们身上因战争、焚尸和其他原因沾染上的血污等秽气。这种仪式与汉族洗尘的原始形态极为相似。

水是普米族自然崇拜的另一重要对象，普米族地区不但山峰绵亘，且有星罗棋布的湖泊、河流。水是任何生物都不可缺少的东西，水乃万物之源。正因为如此，水被看作具有“神灵”的威力，而受到普米族民众的崇敬。尤其对于源源不断供人饮用和灌溉田地的山泉，更是普米人崇拜的对象，每家都有自己的龙潭，亦称“灵泉”，普米语称“桑达喜”，意思为平安祥和之地。普米先民认为龙潭神主宰着人类的富裕和兴旺，还主宰着人畜常见病，如凡患皮肤病者，被认为是触犯了龙潭神，为此要到泉水处焚香、唤魂，祈祷泉水神消除病患。

普米族祭祀龙潭神的仪式场面庄严而古朴，设“尼塔”标杆及面偶五十余个，并用牛奶、酥油、乳饼、鸡蛋、茶叶、清酒等素食供奉。

在普米族传说中，龙王神“梭那二青”是个食人恶魔，大地上的动物和人类几乎被他吃光了，天王知道后非常震怒，派天兵天将到人间惩治恶魔。天将从空中把龙王摔了下去，龙王身躯落地时，把海水飞溅到大地上，海水所到之处，陆地变成了湖泊、水潭、龙湾，而这些湖泊、水潭、龙湾都成了各地的龙王神。

天王传令人类祭祀龙王神，以祈求人间太平，人们因畏惧龙王，每年都要祭龙神。每年五月，人们带上蜂蜜、酥油、鲜奶、糌粑、苏理玛等供品，到龙潭边烧香磕拜，栽树唱歌，祈求平安。龙潭边的树木受到普米族世世代代保护。

3. 祖先崇拜：粗茶淡饭报祖恩

普米族相信灵魂不灭，认为人死后灵魂会回到祖先的发祥地，所以以各种方式进行祭祀活动，表明对祖先的崇敬。主要活动有接祖（除夕）、送祖（从大年初三至十五）、清明上坟、中元节、祭房头、祭中柱。

普米族信奉灵魂永恒，笑看生死，认为死是生的一种升华、一种涅槃，是对前世今生的一种圆满归宿。超度亡灵的经文念道："生与死是自然规律，母亲生下你的那一天，就意味着你有一天会死，死是必然的，不必害怕，你肉体虽死了，灵魂却没有死。死后，你的肉体会变成泥土，你的骨头会变成岩石，你的眼睛会变成星星，你的牙齿会变成白云，你的血会变成流水，你的头发会变成森林，因你的灵魂没有死，你要把死看得欢乐。"

普米族称祖先为"宝布"，意为老人、无崇拜偶像，供奉祖先是经常性的活动，他们除崇拜共同的始祖（九世祖父、七世祖母）外，尤其对本氏族、本家庭的祖先极为崇敬，每日三餐之前，都要将所食食物先祭祀"锅庄"，凡是亲朋好友送来的礼品，也要先置于"锅庄"上，目的是先让祖先神灵享受。逢年过节、婚丧嫁娶时，也要先祭祖，祈求祖先保佑逢凶化吉，子孙兴旺发达。

普米族祭祖由来的传说是：

远古时候，人间孤儿"拉算祖"看到天上的仙人死了火化后，要举行隆重的祭羊仪式，他想到人间也应该这样做，于是就把天上的祭师"电巴蝉南"请到人间，为已故的祖先举行隆重的祭羊超度仪式，以表达对祖先的深切缅怀之情，此后，普米族拜敬祖先的习俗流传下来。

宁蒗等地普米人的祭祖仪式，主要向正房中的"锅庄"和"宗巴拉"图像祭祀。正房的右侧设有神龛，神柜壁上竖高约 1 米，宽约 70

厘米的浮雕木牌，即“宗巴拉”，呈圆锥形，中间嵌有天、地、日、月、星、辰、海螺、莲花等，象征宇宙神，与祖先神同为家庭祭祀的偶像。

此外，在正房中还设有火塘，上支铁三脚架，火塘后方供奉石质的锅庄，它既是祖先的象征，又是诸神的牌位。

普米族认为祖先有三魂：一寄存在罐罐山，一寄存在锅庄附近，一寄存在北方祖居地，每日往三脚架上方献食，称“切叠帕”，意为祭祖先。

“宗巴拉”——祭祀祖宗的神位

（熊德鼎摄）

兰坪等地普米族祭祀祖先的仪式主要是“祭房头”（称“归西毕”）。每年春节、二月初十或八月初十以前，选择与家长属相吻合的那一天举行。以醅（苏理玛）、烧酒、清茶、香烛、冥钱等为供品，在房顶竖立一根约 1.7 米长的青松木杆，上扎五色旗三面，由家中的成年男子或释毕上房顶主祭，念及历代所有死者姓名后，献茶滴水于房头，祈求祖先保佑全家平安。

二、韩规教：阴阳两地的信使

韩规教，是历史上普米族全民信仰的宗教。“韩规”一词含义，有两种说法：一是，“韩”指“鹦鹉”、“规”为美丽，意为“美丽的鹦鹉”，韩规善于辞令，在文道场诵经说唱恰似鹦鹉学舌，在武道场披红挂绿、宛如羽翼美丽的鹦鹉；二是，将其译为法术高超的祭司或智者。所以普米族的原始宗教称为“韩规教”。韩规教最初是从原始崇拜和巫术基础上发展起来的一种原始宗教，后来融合了苯教和藏传佛教文化，形成的一种以卷帙浩繁的韩规文经典为载体，有烦琐仪规仪式体系的独具特色的宗教。韩规教兼有原始宗教和苯教两种形态特征。

韩规教属于原始文化范畴，中心思想是原始的自然崇拜，信奉万物有灵，崇拜自然、崇拜祖先、崇拜神灵，韩规文化在普米族地区流行数千年，深深地扎根在普米人灵魂深处，为全民族信仰膜拜。韩规文化在发展繁衍过程中，吸纳了佛苯文化的因子，形成了具有鲜明普米族特色的文化现象。归纳起来，韩规文化有八大观点：和谐观、生态观、历史观、英雄观、幸福观、鬼神观、生死观、伦理观。

韩规教是藏族苯教与普米原始宗教“雅毕”、“释毕”教经过漫长融合的产物。韩规文化包括韩规文经文、口诵经文、绘画、音乐、舞蹈、工艺、造型、占卜历法八大类，按内容区分为祈福延寿类、生态保护类、丧葬超度类、消灾免祸类、驱鬼镇妖类、占卜类等。韩规经文内容丰富，记录了人类的起源、迁徙路线、古代族谱、保护生态的由来等。也是从狩猎、游牧到农耕时代的完整记录，是普米族历史的一面活化石。

韩规经典用藏文草书书写，现已收集到的韩规藏文经文有 108 种、1100 余部、2 万多页，韩规口诵经文“喀尔沙”有 86 种。韩规经典是由古代僧侣完成的写本和印本，具有不可替代的价值。

韩规教的显著特点是全方位地融合吸收了藏族早期宗教——苯教。韩规教的教主是“丁巴什罗”，与苯教的祖师“登巴辛饶”其实为一人；韩规教与苯教一样信奉多神崇拜，崇敬天神、地神、山神、战神、龙神；韩规教借用了藏文字母，抄写了卷帙浩繁的宗教经典；韩规教

的很多神灵源于苯教和藏传佛教，韩规教中有大量占卜等巫术，夹杂着苯教的巫术成分；韩规教丰富的绘画、雕塑、舞蹈等艺术，融合了大量苯教、藏传佛教的文化元素；韩规教所用的法衣、法帽、法器与苯教相同；韩规教仪式教规与苯教相同；韩规教有整套烦琐的仪式体系，不论从形式上还是内容上，都与苯教的相同。可见，韩规教与苯教在仪式、经典、教义、神鬼体系等方面都是有密切联系的，甚至可以说是一脉相传的。

韩规教来源的传说

很久以前，有一户普米族人家，为了寻找弹毛线用的竹片，父子俩长途跋涉，来到南方炎热之地，发现那里的竹子高大茂盛，并会昼开夜合，在竹林中飞翔的蚊子如斑鸠大，在竹林中过夜的人，夜里唯有躲进合拢的竹子中，才不会被蚊子吃掉。

傍晚，儿子在竹子合拢之前，钻进了竹子中，但父亲不听儿子劝告，不肯钻进竹子中，第二天一早，儿子从分开的竹子中钻出来，看见父亲被蚊子吃得只剩下一具骷髅。

儿子悲痛万分，草草地埋葬父亲后，漫无目的地四处游荡，一天，他来到西天，碰巧赶上雍仲苯教祖师登巴辛饶正在隆重地为死者做“祭羊”超度仪式，目睹此情此景，他想起了命丧于南方的父亲，他恳请登巴辛饶大师下凡人间为父亲做超度仪式，大师当场允诺，并送他竹、柏等种子，嘱咐他等这些树木长成林后，才能做“祭羊”超度仪式。

三年后，竹子、柏树终于长大成林，他从西天迎请来登巴辛饶大师，并从南方驮回父亲骨骸，举行了三天三夜祭羊仪式，从此，丁巴教（即韩规教）在普米族中逐渐流行。

从上述的传说来看，韩规教的祖师——登巴辛饶，原居天国，即异域，是普米族人主动请来的，在族中传播教义理论，开展为死者送葬安魂等宗教活动。这一传说与近人考证出的唐宋以前苯教向川滇普米族地区传播的历史情况是相符的。

韩规教在长期的发展中也接受了一些藏传佛教的内容，如诵经招福、广行善事之类，显然是藏传佛教的语言，其所供奉的神祇都增加了藏传佛教的神佛，其祭祀仪规也融进了藏传佛教的内容。但始终还是保持了苯教普米化的固有特色，与佛教保持了明显的区别。

普米族每逢节庆、婚嫁、生育、出行、收割等，都要请韩规杀牲祭献、诵经祈祷，以便消灾祛难、保佑安康，韩规教能适应普米先民对世界的认识水平，满足精神信仰的需求。因此之故，韩规教在普米族历史中流行时间最长、信仰人数最多、影响也最大。特别在金沙江以北的普米族乡村社区表现得最为突出，几乎所有的社会生产生活都受到韩规教的深刻影响。

先前，金沙江以北宁蒗、永胜等县的普米族，村村有韩规，寨寨有经堂，村寨上方有集体活动场地"塔瓦"（天香塔），下方有"嘛呢堆"，家家房前有"松塔"，每天早晨烧香升空，一片念经声，每年春节，户户屋顶换上新的经幡。人人尊敬韩规，保护经堂、经书和法器，冤家复仇械斗也不能破坏神物和法器。这是普米族村寨的象征，20世纪50年代后，经书缴毁、经堂报废，经师受到管制，韩规停止传承。近年来，在普米族知名人士的倡导下，创办了韩规文化传习班，从四川木里县请来知名韩规在牛窝子村收徒授业，传授韩规文化。迄今已招收三期学员，学制三年，第一年教藏文识字，第二年学做一般道场仪式、捏面偶、习诵经书，第三年学跳神、坐经、受戒、出师、主持大的道场。这些学员学有所成后，将继承韩规衣钵，复兴这一濒临失传的古老传统文化。

三、藏传佛教：百年修得佛祖来

普米族自古以来，与藏族毗邻而居，历史上又受吐蕃王朝的长期经营，因此不论苯教还是佛教传入普米族地区的年代，都略早于纳西等其他民族地区。根据民间传说和史料探索，藏传佛教约于11世纪中叶，即宋末元初传入永宁、蒗蕖等普米族地区，最早传入的是萨迦派和噶举派，最早兴建的藏传佛教寺是永宁的者波萨迦寺。该寺建于元至正十三年（1353年）。以后又在蒗蕖、挖开建造了两座萨迦寺。这三座寺的僧人主要是当地的普米族和摩梭人。明末格鲁派传入四川木里、盐源以及云南永宁、蒗蕖等普米居住区。之后由于格鲁派受当地土官的扶持，势力和影响居各教派之首。

在川西南冕宁县普米藏族中，流传着取经传说：

相传在很久以前，普米和纳米（摩梭）是两弟兄。开初，从西藏的“尼玛拉萨”搬迁到冕宁，有一次，他们返回西藏去取经，纳米弟弟先去，获得了3背筐经书，普米哥哥后去，只得到了一小本。

在刚都河边，哥哥赶上了弟弟，他看到自己取的经少，就想了个办法，让纳米弟弟先涉水过河，自己却在河的下游望着他。当纳米涉到河中央时，他大叫道：“弟弟，熊来了。”纳米听了后吓着了，慌乱中，带着的经书全掉进河里，被水冲下去了，普米看到后，马上跳入河中，把冲下来的经书捞上岸，背起来走了。从此，普米就有了经书，阿什（祭司）也通经识典，给死人指路也能指到西藏的“尼玛拉萨”，而纳米没有经书，帕比（祭司）就没有经典。

同样，在四川木里地区，普米人项氏土司建立了政教合一的封建政权——木里王国，存在时间近300年。木里境内的普米土酋从明末清初皈依格鲁巴黄教，在政治经济文化上向西藏地区全面认同。自16世纪中叶开始，西藏第三世达赖喇嘛索南嘉措派喇嘛到木里传播格鲁派，并于1584年修建了第一座寺庙，到1729年，木里全境已发展到拥有3座大寺、9座经堂、喇嘛3318人，到民国初年，发展到大寺3座、经堂18座。在木里，项氏贵族世袭土司职位，与喇嘛教紧密结合，形成政教合一的封建政治制度，这是以普米人为主体创建的，统治木里全境的八尔贵族就是普米人，从1666年第一代大喇嘛降央绒布，到新中国成立前夕的最后一任大喇嘛项培初扎巴止，共袭21代，历时285年，木里普米人创造了一度繁荣的宗教文化。

喇嘛教对普米族的生活习俗和精神文化等方面产生了深远影响，藏传佛教格鲁派在川滇等地普米族中广泛传播和发展，其声势和影响都居其他教派之冠。普米族喇嘛从事的宗教活动大体与韩规相类似，凡婚丧嫁娶、生病或遇到灾难，都要请喇嘛念经祈祷，以求消灾避难。凡请喇嘛做祭祀活动，都要视其规模大小、喇嘛职位高低，给予一定的报酬。喇嘛完全脱离生产劳动，不娶妻、不杀生，以从事宗教活动为职业，在家庭和社会中有较高的地位。喇嘛教是普米人苦难岁月里的精神理疗大师，灵魂深处一盏温情脉脉的酥油灯。

第三节　迷幻如梦的风情

普米族的节日，主要有吾昔节（新年）、大十五节、转山节、端午节、七月祭祖和尝新节等，节日活动多与生产劳动和宗教习俗有密切关系。

一、千家万户过“吾昔”

新年节即“吾昔节”。“吾”即年，“昔”即新，是各地普米族最隆重的一个节日，时间在农历腊月初六、初七、初八，以初六为岁末，初七为岁首，历时3～15天。在佳节到来前，远方的人都要赶回家，

以求全家团圆。

吾昔节作为普米族最大的传统节日，包含了丰富的文化内涵，具有重要的社会功能和文化功能。从科学上讲，吾昔节也可叫“星回节”，取其星回岁终之意。普米人一直把吾昔（新年）称为岁首，它有着天文、历法上的意义。

从文化象征意义来看，吾昔节民俗包含的意义更加丰富多彩，无论是从起源或是从流变中，可以归纳出吾昔节的两个象征意义。

一是“感恩纪念”。吾昔节期间，各种祭祀仪式频繁，人们不断祭献和祈祷，不仅感谢和纪念天地中的自然神灵，也感谢和纪念普米族群的共同祖先，还感谢和纪念生养自己的祖辈亲人，蕴含着普米族感恩、不忘本的道德意识。这一道德意识和强烈的责任感通常是联系在一起的，普米人认为做事情要对得起天地祖宗，对得起良心，这是普米族民众的道德底线，是民族责任感的源泉之一。进一步而言，对普米族来说，感谢自然神灵，有助于认识自然、亲近自然、协调与自然的关系。纪念民族共同的祖先有利于加强各地普米同胞的凝聚力。对于一个家庭来说，纪念亲人有助于家庭和睦，构建更加和谐的人际关系。

二是“催护新生”。由于吾昔节是庆祝新年的活动，其间所诵读的“切叠谱”（新年献辞），本身既是对昨天的总结，也是对明天美好生活的畅想。更加重要的是，吾昔节期间的各项民俗活动也都或明或暗地具有新开端、人生新希望的象征意义。吾昔节习俗很多，其中的敬神、祭祖、拜年等，从一定意义上讲，是对人神关系、人伦关系的重新确证，即人类作为一个文化存在的确证。例如，拜年是人伦道德的体现，晚辈向长辈拜年，长辈赏赐晚辈压岁钱等礼物，表面看来，繁文缛节，不胜其烦，但是这一拜一赐之间，尊老爱幼等基本人伦关系与相关的道德规范就得到重新确认。此外，在这辞旧迎新之际，旧貌换新颜，房屋焕然一新，服装也是里外皆新，吃刚开的猪膘肉，饮新酿的酯酒。吃饭的时候故意剩余一点，表示有余，这一切无不象征着来年充满希望。

正是由于吾昔节习俗的这些象征意义，使吾昔节成为各地普米人自我认同的一个文化符号。换言之，吾昔节具有重人伦、重亲情、重礼仪、重和谐的特点，显著体现着普米族优良的传统伦理和礼俗，有浓厚的人情味。几千年来，吾昔节已经成为维系普米族社会人际关系的重要感情纽带。

在农村，人们节前忙着做各种准备：砍柴、磨面、酿酯、杀猪、浆洗被褥、沐浴、择吉日、打扫室内外卫生、修整火塘，使其焕然一新。节日这天，在门前、神台及房顶插上青松，挂上经幡，“宗巴拉”（神龛）上供着新开的猪膘及其他祭品。除夕之夜，先鸣火炮，吹海螺，在锅庄上供猪头等祭献。然后由家长庄重地敬“锅庄”，诵读“切叠帕”（新年献词），其内容大意如下：

十三重天的天神，十三层地的地神，四境各山的山神，八方灵泉的龙神，请来享受这些祭品吧；

一月接一月过去了，一年连一年过去了，时光跑得比箭更快，因为有你们保佑，我们的生命与日月一样长；

在这最好的时辰里，大地上所有的普米人，村寨里所有的普米人家，木楞房里所有的普米老人，用雪山上的檀香枝，用高山流来的清泉，用丰收收获的麦粮，用麦粮酿制的苏理玛，用汉族地方驮来的苦清茶，在明亮的木楞房里，在庄严的神台下，在神圣的“宗巴拉”前，烧起了清香，蘸洒着奶酒，挥动着香枝，祈求祷告，敬献神佛，保佑人间太平，祝福人们生活美满。

次日清晨，村里的姑娘们到溪边取水，以最先舀到净水为吉祥。接着，家长用松枝、清酒、牛奶祭房头，并用糯米粑粑、猪肉、香茶、清酒、水果等祭锅庄，另派家人到深山密林中祭龙潭。其间的祷词提及同氏族内各家祖先亡灵、本家三代列祖及各路名山巨川的名字，表示迎新年、祈丰收，接祖先、驱鬼邪，祭毕，全家聚在一起吃酥油糯米饭。

新年期间，家中有年满 13 岁的男女儿童，则要举行隆重的“穿裤子”和“穿裙子”仪式，即“成丁礼”。此外，还要组织各项文体活动，如“哩哩”（唱歌）、“磋磋”（打跳）、“哲夺”（赛跑）、“塞龙支”（跳高）、“拜贝”（摔跤）、“国从烟”（射击）、“色戎召”（荡秋千）、“果穷”（投掷石子）等文体比赛。

打酥油茶　（熊德鼎摄）

二、转山节：绽放在山岳上的礼花

普米族丰富多彩的年节，无处不浓缩着鲜活的乡土特色和地域色彩，是绽放在山原上的一缬缬姹紫嫣红的杜鹃花。

普米族的转山节日期无统一规定，有的在农历七月十五，有的在七月二十五，也有的在十月的某一天。转山节主要是祭祀山神，祈求风调雨顺、五谷丰登、人畜兴旺。普米族各村寨都有自己的神山，转山节这天，便到各村寨的神山祭神。有的神山是周围各民族共同祭祀的，如宁蒗永宁的干木女神山，当地的普米族、藏族、摩梭人等民族共同信奉。这是群众性的宗教节日，也是青年男女交往和娱乐的节日。男人们骑马带酒肉及炊具，妇女们带上瓜果糖食，到狮子山游玩。青年人在集会中寻找对象，结识情侣。曲终人散后，在回家的路上，老年人手持青松枝，口呼“采采”，把吉祥平安迎回家。

流传于永宁地区转山节的传说，赋予转山节人神共娱的色彩。

在遥远的年代，大地上一片混乱，山洞里的妖怪，乘着乱世四处吞食生灵，天神派遣天兵天将到人间征服妖魔。妖怪被全部消灭，人间重归太平，此后，天兵天将安居在大地上的各个地方，但好斗尚武的秉性令各路山神菩萨不甘寂寞，他们每年都要会集一处进行竞技，如摔跤、打靶、射箭、骑马等。来年，胜者管辖的村寨风调雨顺、万家康乐。失败者管辖的村庄则会风声鹤唳、灾难重重。

有一年，普米村寨的山神，在比赛中输了，结果那一年大雪成灾，人畜受冻。后来，为了让普米山神在比赛中取胜，每年的农历七月十五，在山神出发的日子，人们纷纷背上食物到神山上祈求叩拜，祈祷山神凯旋，这项活动逐渐演化成了普米族的转山节。

在兰坪，普米族群众则过另类的转山节——雪门槛游山节，在每年的农历五月五日。雪门槛是雪盘山脉高山，海拔 3600 米，是境内唯

一“一步望四乡”的地方，自古就是四乡客商和游客往来的要塞。当春寒料峭、山花烂漫时，四乡普米族群众就会身挎四弦琴，携带黄酒、蛋和肉来雪门槛山顶草地过节。

雪门槛游山节是普米族节日中人数最多且宗教气氛较淡的一个节日，不举行宗教仪式。有病的可上山采挖草药，爱武的人射箭摔跤，比试武艺；年轻人对唱情歌，互诉衷肠；还有的是来谈生意的。游山节的高潮是“跳羊皮舞”，此舞属于自娱自乐的交际舞，人群手拉手围成圆圈，圈中一人以折叠的羊皮作“鼓”，另一人边舞边弹四弦琴，羊皮“鼓”伴着琴声，加强了节奏和气势，跳一轮共需弹奏12个舞曲。队形变化丰富，有单圆、双圆、半圆、对跳、开门、翻身、二龙吐水和满天星等。

三、尝新节：燕麦黄，普米狂

尝新节，普米语称“苏理玛昔”。在每年大小麦收获的季节要过尝新节，时间在每年的秋收新麦刚成熟时。家家户户用新打来的粮食先酿一罐美酒，煮新米，做荞麦粑粑。新酒酿成后，祭灶神和祖先，表示先让祖先尝新后，人们才能享用新粮，然后将酒罐悬挂于树上，由家长启开罐口，先饮三口，随后家人尽情畅饮。这天，村邻们还要用牦牛角装上“酷”酒，相互敬酒对饮。人们频频举杯祝贺，不断道喜：“今年麦子丰收挂满架，粮食打完装满仓，来年吃不完”。全村人相互宴请，共食新粮，歌舞娱乐，庆祝丰收。

尝新节意在庆贺当年的丰收，同时预祝来年五谷丰登、六畜兴旺、人丁昌盛。节日期间，普米村寨白天喜气洋洋，夜晚热闹非凡。入夜，村里的青年男女相聚在一起，围着篝火，在竹笛伴奏下跳起欢庆丰收的锅庄舞蹈。正如民谚说的“燕麦黄、普米狂”。能歌善舞的普米人，在收获的季节里，在融融的醉意中，歌舞达旦、彻夜狂欢。庆祝丰收的歌声久久回荡在节日的夜空。

布谷声中打麦忙

（阿巴热！阿巴热！）布谷鸟儿声声叫，打麦时节已来到，

麦架下面打麦忙，梿枷声中歌声高。

（阿巴热！阿巴热！）南风吹来新麦香，轻轻颠来轻轻扬，

打出新麦煮新酒，丰收的美酒醉心房。

第四节　绽放在高原上的艺术之花

一、不着一字，尽得风流——民间文学

由于普米族只有语言没有文字，传统文学依靠口传和歌唱形式传承千载。普米族文学艺术的根在民间、传播在民间。普米族是个充满想象力和理想主义的民族，普米人把对悠悠往事的怀想和来世今生的诠释，通过感性直观的陈述方式延续下来，朗朗上口、历久弥新，普米族文学可谓“不着一字，尽得风流”。这本无字之书的作者不是文人骚客，而是行走、耕耘在群山峡谷间的草根平民，这些凡夫俗子，目不识丁，却拥有过人的记忆、如簧的巧舌，和穿透时空的歌喉，正是他们在这片属于普米人的大地上写下了动人的诗篇。

普米族文学由民间故事和歌谣两部分构成。民间故事根据内容不同，可分为神话、传说、英雄传奇、动植物故事、生活故事、谚语、谜语等类别，题材广泛，上至天穹、下至幽冥，百川贯海、洋洋大观。

1. 凡夫俗子缔造神话——神话故事

普米族先民直面宇宙人生，挥洒着无边的想象，集大成者就是洋

洋大观的神话故事。普米族的神话故事包括开天辟地、人类起源、万物由来等题材，反映出人类童真年代对宇宙人生的直观认识和感受。

日月星辰的由来

远古时代，天空没有一丝亮光，大地漆黑一团，地上的万物生灵对光明和温暖望眼欲穿。

老鼠和猫头鹰挺身而出，决心飞上九天云霄寻找光明，老鼠趴在猫头鹰背上，飞了九十九天，来到天与地的交界处，被铜墙铁壁般的云层挡住了去路，老鼠伸出尖嘴，一刻不停地咬噬云层，啃咬下的云沫随风飘荡，有的会放光，成了星星，星星没有根，在天上东飘西浮，所以，我们如今看见的星星，总是一闪一闪的。

老鼠啃咬了九十九天后，终于从云层中咬出圆盘大的一个洞，一束光亮穿过云层照亮大地，远方的大地看上去模模糊糊，像披上了一层轻纱，那束光来自月亮，所以我们感受到的月光是清冷朦胧的。

老鼠和猫头鹰被月光冻得浑身颤抖，动弹不得，只得飞向他方，很久以后，一头撞上一堵暖墙，它俩停下，就地打洞，老鼠一刻不停地又打了九十九天，终于咬出了一个圆盆大的洞，突然，一道灼热的红光穿透而来，照得大地一片明亮，太阳现出了峥嵘面容。炫目的阳光让猫头鹰睁不开双眼，它想用翅膀去遮挡，可爪子一松，就驮着老鼠从天上跌到地上。从此，猫头鹰和老鼠畏惧阳光，白天不敢出来，只在夜间活动，而地上也就有了太阳、月亮和星星。

2. 来自于身边的感动——传说故事

普米族民间传说题材包括民族起源、部落迁徙、习俗风物、山川地理、宗教伦理、历史典故等内容，用简洁形象的线条勾勒出普米族早期的历史地理风貌和人生百态。

金沙江和澜沧江失约

传说很久以前，金沙江和澜沧江是两兄妹，有一年，兄妹相约到稗子沟坝子会合，然后流经下甸，去兰州居住。

这事被“折补者牙”山神知道了，他心里非常着急，因为要流经的那个山头恰好是他的地盘，为此，山神绞尽脑汁，阻挠两兄妹从“折补者牙”山流过。

到了约定的日子，妹妹金沙江一路欢歌奔到了“折补者牙”山脚下，一只脚已踏上了“折补者牙”，山神急忙迎上前说：“姑娘呀，你哥哥让我转告你，他不来了，叫你不必去兰州了。”

妹妹金沙江对不守信用的哥哥非常失望，愤愤不平地说：“做官的跟我来，做贼的跟他去，想吃大米白面的跟我来，想吃粗粮淡饭的跟他去。”说完，调转头，义无反顾地返向石鼓方向。

她前脚刚走，哥哥澜沧江就到了，山神故技重演，澜沧江听后很生气，二话不说，调转头往维西方向去了。

如今，丽江石鼓金沙江流域，丰衣足食，才子名流辈出。而维西澜沧江流域，山势险恶，经常歉收，据说，就是当年金沙口妹妹诅咒的结果。

普米族传说故事的主角是平凡普通的人及一些拟人化的事物，都是身边的琐事，没有惊天动地的伟业，没有一鸣惊人的光焰，也没有

刻意地追求永恒完美，但还是被后人铭记，在他们平淡无奇的履历中，又似有所指，意犹未尽，颇有春秋笔法，总能勾引起后人对祖祖辈辈那些消逝了的足音的记忆。

3. 英雄故事传四方——英雄传说

普米先民对人世间善恶美丑的评判，秉承朴实的二元史观，鞭笞丑恶、颂扬善美。对那些抑恶扬善、除暴安良、忠肝义胆的人间英雄的赞歌，传唱千年而不衰，他们的大名如雷贯耳，他们的业绩千秋流芳。熊巴佳佳是普米人心中勇敢、忠诚、慷慨、仁爱的化身，其身上洋溢的美德和优点符合普米族的传统价值观。

熊巴佳佳

熊巴佳佳是个勇敢彪悍的普米族小伙子，在一个金色的秋天里，他和伙伴们被征入伍，挥别父老乡亲，到远方去打仗。

战斗惨绝人寰，伙伴们都牺牲了，只有佳佳幸存下来。战争结束了，孤独的佳佳即将黯然回归故乡。在他临走的夜晚，梦见伙伴们的灵魂化作一只小鸟飞来，托他带一个口信回家。

小鸟的诉说婉转凄恻让佳佳肝肠寸断，小鸟说：“我们死不瞑目，魂魄飞回到了日思夜想的家乡，看见衰老的爷爷，沉默地坐在火塘边煨茶；看见慈祥的老奶奶，在房背后纺麻；看见阿爸在山坡上放羊；看见阿妈在麦架旁打麦子；看见姐姐在猪厩里喂猪。他们看上去都忧心忡忡，心事重重的样子。”

小鸟继续说：“你回家后，代我们向所有亲人问好，千万别告诉亲人我们已经死了，就说我们在异乡过得平安。亲人们早就望眼欲穿。爷爷期望他的孙子献上一捆好烟叶，奶奶盼望她的孙子奉上一份茶叶，阿爸盼望他的儿子带给他皮鞋一双，阿妈盼望她的儿子带给她绿缎子棉被一床，姐姐盼望她的弟弟送给她白羊皮一张。那些儿时的伙伴盼望他们的朋友带给他们一支猎枪，那美丽的姑娘盼望远行的情郎早日回到她的身旁。”

最后，小鸟无限伤感地说：“虽然这一切都成了美妙的空想，但愿亲人们永远珍藏这份希望。永别了，佳佳，祝你早日回到家乡。”

背负着永远留在异乡的伙伴的重托，熊巴佳佳日夜兼程赶回故乡。他家的木楞房被前来问讯的乡亲们围得水泄不通，佳佳捧出各色礼物，按照小鸟的诉说，郑重地将礼物分送到乡亲们手上。

等到乡亲们接收了礼物后，熊巴佳佳表情凝重地把天大的不幸及小鸟的托付告诉了乡亲们，在佳佳的如泣如诉中，整个村庄已是哭声一片。

佳佳强忍悲痛，安慰乡亲父老说：“以后，我就是你们永远的儿子。”

乡亲们被佳佳的有情有义、忠肝义胆深深打动，擦干眼泪，笑看人生。而熊巴佳佳的大名从此在普米人中传扬。

4. 永世相伴、我的朋友——动物故事

普米族先民生活在大山林莽腹地，飞禽走兽出没其间，各种动物成为普米族民间故事中的一个永恒主题。动物的形象，或嗜血凶残、或贪得无厌、或伶俐乖巧、或善解人意，它们的故事风趣幽默，或鞭笞丑恶、讽谏世事，或扶弱济贫、以弱胜强，或颂扬正气、激励来者。

可以说，这些故事宣扬了善恶有别、因果报应的原始审美观。

猫想老家

古时候，老鼠生活在天上，它不知从哪儿打听到人间有粮食，就悄悄下凡人间，偷吃粮食、糟蹋庄稼，令人们不得安宁。

天神希嘎知道老鼠为非作歹的行为后勃然大怒，命令猫务必在三天内把老鼠抓回天上。

猫来到人间的第三天就把老鼠抓到了，猫叼着老鼠回到天上，站在南天门向天神报告“老鼠捉到了”，可猫一张嘴，老鼠从猫口中滑落，重回地上。天神很生气，再次命令猫马上到人间去把老鼠捉拿归案。并强调什么时候人间没有了老鼠，猫才能回来。

老鼠死里逃生，落到地上，从此对猫严加防范，行踪诡秘，猫一时无法捉住老鼠。加之老鼠有超强的繁殖力，几年光阴，老鼠的子孙后代布满了大地。时光荏苒，过了一年又一年，猫虽然历经千辛万苦，但怎么也捉不完老鼠。

几万年过去了，人间的老鼠永远捉不完，猫也就无法回到天上，回家的路遥遥无期，它经常偏着头，垫着手看天上，天长日久，猫睡觉的时候，总是偏着头，睁着一双明亮的眼睛，默默地凝视着天空——它的老家。

二、心之忧矣，我歌且谣——民间歌谣

歌谣既有歌的韵律，也有诗的风神，是诗与歌的协奏曲。在旧社会，歌谣是进行教育娱乐的传媒、交际沟通的信使。普米族的歌谣大

致可分为两类："哩"和"国"，"哩"是吟唱的意思，多为青年人演唱，内容古老、结构完整，属于叙事诗性质；"国"是歌唱的意思，多为青年人歌唱，内容及体裁不拘一格，"国"中还有一种叫"格嘿"（放声歌唱）的即兴诗，是青年男女野外对唱的情歌。

根据年代不同，普米族民歌可分为传统民歌和新民歌两种。传统民歌：因内容和形式的差异，可分为史歌、婚礼歌、祝福歌、年节歌和送葬歌等。史歌大多为吟唱历史、缅怀先民，颂扬祖上的荣光，抒发怀古之幽情。

古歌

勇敢的人们哟，
从遥远的地方来，
格萨的后代儿孙，
从大山外面来到这里。

勇敢的人啊，
是普米的儿子，
英雄的儿子，
勇敢年代已经在世上出现。

婚礼是普米族人生礼仪中气氛最浓烈、色调最丰富的一种习俗活动，有一套完整的婚礼歌来演绎婚礼进行时，场面舒展，如行云流水，生动活泼，充满了浓郁的生活情趣和乡土特色。

迎亲歌

送你什么礼物哟，我心爱的姑娘，在地上，送你是江水

海水，江海啊，情谊深长；

送你什么礼物哟，我心爱的姑娘，在天上，送你是太阳月亮，日月啊，地久天长；

我没什么送你哟，我心爱的姑娘，父母送我的手脚一双，赛过金银万两。

祝福歌，普米族称“茸哩”，是在吉日良辰的祝词，语多敬辞，用人间最真挚虔诚的溢美之词盛赞天地间让人久久不能忘怀的人或事。

丰收美酒喝不完

普米摆在漆桌上的金花瓶，五彩的鲜花开不断；普米煨在火塘边的银茶罐，喷香的酥油茶喝不完；普米捧在双手上的玉石碗，香甜的苏理玛庆丰年。

逢年过节，一家人围坐在火塘边，一边喝“醅酒”（苏理玛），一边以年节歌助兴，歌声穿过木楞房在山谷中久久回荡，这些歌古色古香、格调高远，在欢快悦耳的旋律中烘托出其乐融融的盛景。同时，将普米族古老历史在歌声中代代传承，例如，在春节歌中提到的九个爷爷、七个奶奶，就是传说中的普米族的始祖九弟兄、七姐妹。

春节歌

年年在唱春节歌，腊月二十九敬神仙，谁都不知哪一年，九个老爷爷坐一圈，选好腊月二十九，全家老小大团圆；

谁都不知哪一天，七个老奶奶坐一边，定下许多老古礼，人人遵守好过年。到了春节这一天，香炉摆在锅庄前，香炉里面烧炷香，香烟袅袅上青天；

春节到来这一天，海螺镶在火塘边，海螺发光闪闪亮，上面摆着金银碗；

金碗里装着苏理玛，洒向锅庄敬神仙，银碗里装满猪膘肉，老人吃了把寿延；

春节到来这一天，老人心里有希望，全家老小在一起，犹如鱼在碗里大团圆；

春节到来这一天，青年人心里有希望，全村老小在一起，手挽手来跳锅庄；

河里有水天天流，一月要流三十天，古礼无书代代传，一直流传到今天。

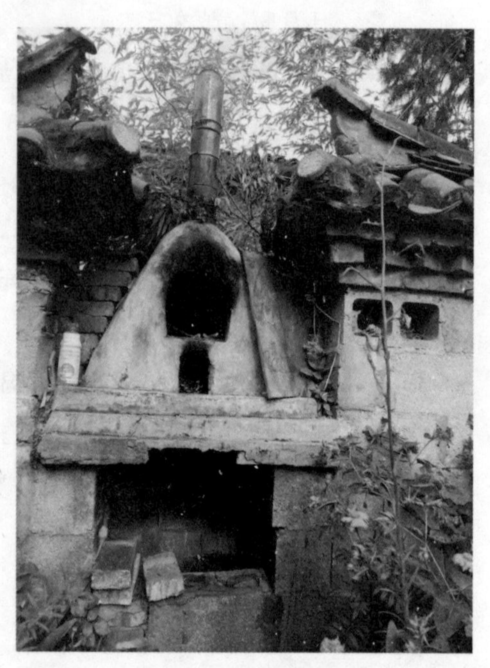
天香塔　（熊德鼎摄）

葬礼歌，普米族对祖辈宗亲十分敬仰崇拜，但凡老人过世，都要举行隆重的葬礼仪式，请来韩规或喇嘛诵经，为死者超度亡灵和指路，同时请来歌手唱送灵调，在如泣如诉的咏叹中，寄托了对阴阳两隔的悲情和恋恋不舍。

祖先在呼唤

送了一江又一江，
翻了一山又一山。

路途遥远，
老虎吼叫，
豹子呐喊，
那不是狗熊叫，
也不是豹子老虎在呐喊，
是我们的祖先在呼唤。

新中国成立后，普米人翻身得解放，过上了自由幸福的新生活。作为中华人民共和国民族大家庭中的一员，普米人纵情讴歌党、讴歌毛主席、讴歌新时代，创造了大量充满时代气息的新民歌。

泉水最解渴

玛达咪啊玛达咪，
高山上流下来的泉水，
最清凉最解渴，
天上洒下来的雨水，
最及时最珍贵，
北京传下来的政策，
最英明最合意。

三、“四弦”悠扬，“锅庄”曼舞——民间歌舞

普米人大都能歌善舞。普米民歌丰富多彩，有着浓郁的民族风格和乡土气息，反映了普米人的生产、生活、历史、伦理、思想感情和审美情趣。普米族的民间音乐曲调主要有呀哈巴拉、阿辽辽、那布升洛等。

呀哈巴拉是一种较古老的民间曲调，旋律悠长委婉、节奏自由，

高区一般用假声唱，开头常用一个弱起引子作为补充乐句，旋律从低音区向高音区行进，末尾又回到原来的起音上，前后呼应。

银色的贡嘎雪山（呀哈巴拉）

银色的贡嘎雪山上，
雁鹅成群展开翅膀飞翔；
金色的贡嘎雪山下，
普米子孙张弓赛马飞奔。

阿辽辽曲调一般不带引子，而是以一个较高的主音作为开头，一开始就给人以热情奔放的感觉。阿辽辽一般用以唱情歌、山歌等抒情的民歌。

请把泉水喝个干（阿辽辽）

（男）来到金鹿在的林中草坪，
只见那一眼山泉亮清清；
赶路辛苦劳顿口渴得很，
多想喝一捧泉水润润心。

（女）山林中的金鹿形单影只，
泉水再甜也无心痛饮；
阿哥你不嫌山里冷清，
请快把一眼泉水喝干净。

在器乐方面，普米族器乐可以分为弹拨乐、吹奏乐、丝弦乐和打击乐四类。其中弹拨乐又分为四弦、小三弦和口弦，四弦曲有 12 种节

奏类型，与12种对应的舞步类型相结合，就形成了普米锅庄。

四弦琴是普米族传统乐器。古朴悠扬的四弦琴声是普米人心中的至爱和吉祥幸福的象征。在云南兰坪普米族中流传着关于四弦琴的美丽传说：

古时候，有一个名叫阿布的小伙子，爱上了美丽的姑娘阿乃，但阿乃姑娘不为所动，姑娘美丽的身影溢满小伙子的心扉，他神思恍惚，从山上砍来木头，模仿姑娘的模样，一端雕刻成人头，用羊皮蒙住“脸”，另一端刻成人身，用四根麻线绷紧，做成四弦琴，于是，乡亲们经常看见，小伙子整天忧郁地坐在姑娘家木楞房背后，奏出美妙忧伤的琴声。

姑娘最终被小伙子的真情感动，接受了小伙子的爱情。这被传为一时佳话。从此，无论是游子归乡、家人团聚，或是故友重逢、喜庆场合，四弦琴成为普米人抒发情感、赞美人生的乐器。

吹奏乐器包括竹笛、葫芦笙、唢呐及树叶等。竹笛，普米语称为“苏理”或“旱”，分六指孔和七指孔两种，竹笛曲目种类繁多，传说古时有72调，流传至今的有二十余调。打击乐一般在打跳或宗教活动中应用，有羊皮、木碗、筷子、夹板等。

蹉蹉舞　（熊建举提供）

普米族的传统舞蹈是蹉蹉舞，又称“跳锅庄”，属于群体性舞蹈活动。夜晚，在宽敞的场地中间点燃一堆篝火，大家围成一圈，手挽手，在竹笛或三弦的伴奏下，翩翩起舞，彻夜狂欢、歌舞达旦，不息的篝火映红了普米人民乐观开朗的脸庞。舞蹈造型大多模仿普米族日常生产劳动，如纺织、洗麻线、狩猎、耕作等。

普米族传说中，蹉蹉舞是后人对拯救人间英雄的永久纪念。

> 在遥远的古代，人间没有火种，妖魔鬼怪横行，大地一片阴冷凄凉，为了救黎民百姓于水深火热中，一位勇敢的普米族青年历尽艰险来到天宫，请求天神赐给人间火种。
>
> 天神担心人间有了火种之后，凡人的生活会超越天上的子民，内心犹豫不决。青年人在天宫苦等了三天，天上一日，人间一年，他心急如焚，只好铤而走险，乘天兵天将不备之时，偷走了火种。
>
> 青年人刚离开天宫，就被天神发现了，立刻派出大军追杀，就在被抓住的瞬间，他一口吞下了火种，顿时变成了一个熊熊燃烧的火球，滚落到大地上。
>
> 人间有了火种后，过上了温暖幸福的日子，但妖魔还在伤害生灵，于是人们从山上砍来松明，点上火把，把妖怪赶进山洞，全部烧死。

普米先民们不忘拯救人间的英雄，为了纪念这位舍身的青年人，人们在一些特殊日子把火把汇集在一起，手拉手，围着火堆唱起歌、跳起舞，这种歌舞活动一直传承下来，成了现在人们喜闻乐见的蹉蹉舞。

四、“韩规”艺术传芬芳——音乐、舞蹈、绘画与雕塑

1. 韩规音乐

韩规音乐通过有组织的声乐和器乐而构成曲调（音乐形象），反映古代普米族的社会生活，抒发人们的宗教情感。

韩规声乐即诵经调。韩规诵经时配上鼓点和乐器的回音，有声有色，悦耳动听，富有节奏感。

海螺　（胡镜明提供）

韩规器乐包括打击和吹管乐器。属于打击乐器的有大鼓、手鼓、扁鼓、大小板铃、钹、锣、铙等；吹管乐器有海螺、牛角号等，韩规做法事使用以上乐器时，音乐节奏比较单一，变化不多，谱点也较为简单，旋律性不强。只有在每个仪式开始和结束时，所有乐器都要使用，显示出一种民间打击乐器特有的热闹景象。

2. 韩规舞蹈

韩规舞是韩规在各种宗教仪式中跳的舞蹈。韩规上通神人，下镇鬼魔，宗教仪轨中有大量肢体动作，韩规舞蹈名目繁多，主要的舞蹈种类有动物舞、神舞、战争舞、器物舞等。反映狩猎、游牧、战争生活，具有浓郁的古代社会生活气息。其中，仅动物舞就有十余种，其动作多为模拟飞禽走兽，如狮子、牦牛、蝙蝠、孔雀、乌鸦等，但又有艺术上的提炼升华。韩规舞因不同的舞蹈内容形成了多样的艺术风格，有的舞姿舒展轻捷、意态从容，有的舞姿粗犷凌厉、刚健勇迈、野性十足。舞蹈动作重节奏与力度，从中透出庄严威猛的气概。如跳战争舞时，通常挥刀舞剑、投叉飞矛、腾越呐喊，表现出对垒搏杀之壮烈场景，渲染出浓烈的感官效果和威慑力量。

3. 韩规绘画和雕塑

绘画与雕塑是普米族一种古老的艺术形式，由于这些图画、塑像的绘制者和使用者多为韩规祭司，故也可称之为韩规绘画或韩规雕塑。

韩规绘画按其制作形式与所反映的内容，可分为木牌画、纸牌画以及卷轴画三大类。

木牌画是韩规文化中很古老独特的一种绘画艺术形式，一般用松木制作，用于各种宗教场合，内容有神灵鬼怪和形形色色的人物造型。传说在古代，韩规用竹笔作画，不着色，画面鲜艳，色彩对比效果强烈，有很强的视觉冲击力，如迪吉偏初大韩规，其人画技娴熟，作画时不打草稿，一气呵成，所画的木牌画线索粗犷、自然流畅。

韩规木牌画 （胡镜明提供）

纸牌画是指韩规经师在各种经书及硬纸板上的绘画，用竹笔绘画、着色，经书图画包括经书封面装帧、经书扉页画、题图、插图等；纸牌画可分神灵画、占卜纸牌画以及韩规五幅冠画等。题材有各种神灵鬼怪、奇珍异宝、日月星辰、山川草木等，寓宗教的神秘与自然之美于一体。

卷轴画是用颜料绘制在布质卷轴上的各种神像画。每幅画有一主神，周边绘与其相关的神界及各种宗教吉祥符号，这些画在宗教仪式时挂在神坛上方。卷轴画有长卷、多幅和独幅多种，线条对称均衡、笔法细腻、人物造型逼真，类似“唐卡”。

韩规雕塑有面塑、泥偶、木雕、酥油花等，类型有神人鬼兽及各种祭祀用牺牲之造型，是用麦面和酥油混合水捏制而成，一般是一次性的。最突出的一个特点是运用整体写意的手法，注重刻画头部和面部，躯干部分不刻意塑造，多为坐状。显露出稚拙率真、自然淳朴的民间风格。

第五节　慧眼观宇宙　妙手除疾苦

一、天文历算

古往今来，普米族人的视线总会穿过群山，投向浩瀚无垠的长空，竭力想探寻那里深藏的奥秘。仰观宇宙，俯瞰人生，先民们在长期农牧业生产活动中积累了丰富的物候、气象知识，创造了独具特色的天文历法。

二十八宿星算法的由来，传说是绵羊传授的：

古时候，有一个猎人，一年四季在大山上安绳套，有一天，套住了一只绵羊，猎人把绵羊拖了回来，准备杀掉，突然，绵羊开口说话：“我是专门算星宿的，你若放了我，我就教你算的方法。”

猎人一听，欣然同意，绵羊便从一二三数起，数到二十八宿时，猎人叫绵羊停下，说肚子饿了，先回屋里吃点东西再学。绵羊在猎人进屋时，乘机逃之夭夭，猎人只学到二十八宿，所以，普米人只会算二十八宿了。

普米族先民在很久以前就知道昼夜交替、四季变换、日月星辰运行规律，这是最早的天文知识，此外，通常依据物候来判断季节和气候变化，并将这种知识以谚语的形式代代相传，如：

包谷雀儿叫，种包谷时候到；
鸟忙筑窝，人忙种；
银子果鸟飞到，栽插大忙来到；
银子果鸟飞转到，秋耕季节也来到；
东虹天放晴，西虹天下雨，南虹北虹涨大水；
山雀叫声变，天气也要变；
河水出泡泡，大雨要来到。

这些谚语已经得到长期验证，广泛运用于生产实践中，是普米族口碑流传的历书。

随着知识的不断积累和认识能力的不断发展，普米先民对天文历算有了新的认识。尤其是普米族韩规经过长期深入实践，总结民间经验，根据普米族居住地理环境的特点，并结合藏历等，撰写了不少天文历算的经典，韩规历算学可归纳为以下四项：

一是“夏加”，即二十八宿星算法，在普米族民间广泛流传。二十八宿都是恒星，在普米老人看来，它们不仅是观测其他日月星辰位置的坐标，其中有些星宿还是测定方向、岁时以及季节的观测对象。如普米族的“吾昔”节（即新年节）又可称“星回节”，取其星回岁终之意。毫无疑问，观察日月运行也是韩规教历算的优点。普米韩规经过多年的观测（主要指观测二十八宿），对恒星月周期已有深刻的认识。这种历法每月 28 天，以室宿或昴宿上中天作为一年之首，时间在阴历十一月初八或十二月初七，正好与普米族新年节时令吻合。不过，

这种星算学大都局限在韩规教盛行地区，未能得到推广。

二是“吾加”，即十二属相纪年法。十二属相也可称十二生肖，普米语谓“吾苦哥尼”，它的周期在普米族历法中使用得十分普遍。具体以鼠、牛、虎、兔、龙、蛇、马、羊、猴、鸡、狗、猪为顺序纪年，如此循环往复。倘若计算一个人的岁数，第一循环周期为13岁，其余均以12年为整数相加，如第二周期为25岁，第三周期为37岁，第四周期为49岁，第五周期为61岁，第六周期为73岁……此外，普米族还认为十二属相间存在着对立统一的关系。其中，对立者为鼠与马、牛与羊、虎与猴、兔与鸡、龙与狗、蛇与猪；统一者为鼠龙猴、鸡牛蛇、狗马虎、猪羊兔。这一历法早期主要是应用于纪年，近代以来也用以纪月和纪日。

三是“撇加”，即方位纪年法。由于实际社会活动的需要，人们识别方向知识的产生是很早的，起先只是一个粗略的概念，后来才越来越精密，普米族也不例外。宁蒗境内普米韩规确定方位的基本方法是以日出方向为东，月落方向为西，并以水冷方向为北，以火热方向为南。显然，这些都是根据普米族居住区域特点的经验总结。普米族民间习惯将周围分为八个方向，即东方、东南方、南方、西南方、西方、西北方、北方、东北方。而韩规在谈到方位时，往往也将天上和地下两个方向包括在内，合成十个方位。这种划分方向的方法通常应用于纪日，与汉族的十天干极为相似。

四是“墅加”，即五行纪年法（也称胜生周纪年法）。普米族韩规也使用60年循环纪年，即以木、火、金、水、土五行各分头尾，故有木头、木尾，火头、火尾，金头、金尾，水头、水尾，土头、土尾。五行共为十项，依次与十二属相一一相配，如木头鼠年、木尾牛年……如此循环往复。每60年（虚岁为61年）一周，这与藏历绕迥纪年法几乎是完全一致的。

二、医药学

生活在滇西崇山峻岭之中的普米族，由于没有成文史，表现在医药方面也就没有什么理论性的医药学著作问世和流传。旧时，由于受所居住环境等诸多因素的影响，普米族人很容易受到疾病的侵袭，而这时最简单的方法即是依靠本民族所掌握的医药方法来进行治疗，因此，大多数普米族人都懂得一些医药知识和常用于治病的中草药，并成功总结出许多医药经验。如在医疗外伤方面，刀伤者，先用细鸡毛止住血，伤口上方用熊胆水涂上一圈，达到止痛和消炎疗效；患浮肿痛或伤口化脓感染时，可采集庆霉根煮水，用以抹擦肿处，可以消肿，将猪下颌油抹于患处，也能消肿。另外，普米人还善于炮制滋补身体的虎骨酒、鹿茸酒、麝香酒、熊胆酒、鹿胎酒等。

长期以来，这些生活中行之有效的医疗经验，在帮助普米族先民与病魔斗争中，延续了普米族人的生命和健康。新中国成立前，普米族的医药卫生也和周围的其他民族一样处于落后状态，诸如生老病死，怀疑是鬼魔作祟，人们患病时，多半请喇嘛念经或韩规打卦、驱鬼等，然而当这些迷信仪式达不到驱除疾病的目的时，就会去找本民族的医生进行治疗，这些医生大多是一些民间医生，所掌握的医药知识，主要是靠前辈口传心授而代代相传下来，其医术部分是从汉、白、纳西、藏等族的民间医生学来，他们懂得一些中草药知识，这些民间医生为本民族的健康作出了巨大的贡献。

新中国成立后，特别是改革开放以来，在普米族地区，科学知识日渐普及，医药卫生事业有了长足发展，鬼神观念日益淡化，驱送鬼祟的迷信行为大大减少，有病求医成了普米患者的首选，普米族地区医疗卫生条件有了显著的改善，在县、乡、村建立了医院和医疗点，并有了本民族的大中专毕业的医务人员。近年来，“新农合”等农村医

保覆盖了普米地区，生病住院治疗有了基本保障。

普米族传统医药作为我国民族医药的组成部分，因其所蕴藏的巨大潜力，正日益受到重视和保护，1992年，由云南兰坪县卫生局组织编写的第一部普米族医书——《普米族单方治疗杂病手册》问世，改写了普米族医药在典籍中没有记载的历史，使普米族医药越来越受到世人的关注。2006年，国家中医药管理局发布通知，根据2004年全国民族医药基本情况调查，将普米医列入为开展民族医药资料发掘整理工作的35种民族医之一。

我们有理由相信，深藏民间的普米族传统医药，这朵含苞待放的民族医药之花，必将为我国民族医药事业的发展锦上添花。

第六节 厚积薄发的古老文化

新中国成立后，普米族的历史翻开了新的一页。普米文化伴随着普米儿女的身影，走出家门、走出高原、走向现代文明世界。普米文化如同普米人一样，正被越来越多的人关注、释读、破译。族内族外，无论政府或是民间，都有一股雄健的力量，在助推着普米文化这面地老天荒的大旗走向复兴，普米虽小，但依然如故的普米文化，其前景未可估量。虽然一些文化现象正不可挽回地悄然离去，但震撼人心的再生因缘穿越群山雪原扑面而来，于是，我们欣慰地看到了这个民族的未来和希望。

普米语，一种濒危的古羌语，使用人口只有区区万人，成了珍贵的活化石级语言。由于受汉语强势语言的影响，普米语正日渐式微，保护抢救普米语言已经刻不容缓。同时，越来越多的普米人使用汉语，以汉语为母语，年青一代普米人接受现代教育，融入到了汉语圈的中国主流社会文化中，学校教育和日常生活中，普米人使用普通话和汉字，汉语文在全民族中得到全面普及。此消彼长，也许普米语言的消失只是时间问题，普米语前景堪忧，但同时，我们欣慰地看到，抢救保护普米语言的行动在悄然开启，例如，在云南宁蒗民族小学开办的汉语——普米语双语班，尝试把普米语的传承从娃娃抓起，这种办学模式得到了当地政府和民众的支持，如能在学校教育中探索出普米族双语教学的有效办法，并在普米族地区推广开来，则普米语言的传承大有希望。

普米族宗教信仰的多元性是传统文化中和谐精神的成功展示，体现出与自然生灵共生共荣、包容万物、尊重历史、敬畏生命、保护生态的人文精神及和谐发展的理念，有其存在的合理性。

改革开放以来，因为宽松自由的宗教政策，普米族地区的宗教寺庙在恢复重建、僧侣人数在不断增加、韩规经书在收集出版、信教群众日益庞大，宗教信仰政策在普米族中得到不折不扣的贯彻落实。但同时应该看到，根深蒂固的过度迷信，不崇尚科学，原始宗教所带来的副作用在普米族中普遍存在。

吾昔节作为普米族最大的传统节日，包含了丰富的文化内涵和象征意义，具有重要的社会功能和文化功能。使吾昔节成为各地普米人自我认同的一个文化符号，几千年来，已经成为维系普米族社会人际关系的重要感情纽带。近年来，大多数地方的普米族恢复了这一传统节日，云南的昆明、丽江、宁蒗、兰坪县等地举行了颇具规模的吾昔节活动，在族内族外产生了一定影响。转山节、尝新节等民间传统节日近年来均得到恢复。

普米族的传统民间文学，依然在普米人中间传唱，精华部分已经整理出版，当然，这只是洋洋大观的普米族民间文学中的冰山一角。

普米族文化事业发生翻天覆地的变化是在新中国成立以来，尤其是改革开放以来。这一时期在普米族的历史长河中不过如白驹过隙，

但却预示着普米族文学创作迎来了蓬勃发展的黄金时期，人才辈出、成果累累，诗人、作家、编辑、史学家、民族学家、歌唱家、艺术家不断涌现，作品层出不穷，其中不乏传世之作、动地之歌。诗人鲁若迪基是其中的佼佼者，他荣誉无数，现任云南省作协副主席，曾捧得了少数民族文学创作“骏马奖”，在如今这物欲横流的世界，鲁若迪基先生，这位普米大地上的行吟歌者，依然痴狂地做着诗的梦，他要用诗证明：在这个伟大的国度，每个民族都拥有希望，他的诗就是这个民族希望的证明，是民族记忆的一部分。

小凉山很小

鲁若迪基

小凉山很小/只有我的眼睛那么大/我闭上眼/它就天黑了。

小凉山很小/只有我的声音那么大/刚好可以翻过山/应答母亲的呼唤。

小凉山很小/只有针眼那么大/我的诗常常穿过它/缝补一件件母亲的衣裳。

小凉山很小/只有我的拇指那么大/在外的时候/我总是把它竖在别人的眼前。

参考文献

一、史书

1. 二十五史（12 卷）. 上海书店、上海古籍出版社

2. 范晔撰，唐李贤等注. 后汉书（卷八十七），西羌传（七十七）. 中华书局，1965

3. 清王崧编撰，李春龙点校. 云南备征志（卷十八），维西见闻录. 云南人民出版社，2010

4. 张廷玉等. 明史，西域二西番诸卫（卷三百三十），列传第二百十八. 清万斯同撰，影印国家图书馆藏，清抄本

二、地方志书

1. 景泰云南图经志书（10 卷）

2. 天启滇志（33 卷）

3. 龙云等编. 新纂云南通志（266 卷）. 铅印本，1948

4. 丽江县志办. 丽江府志略. 翻印本，1991

5. 永胜县方志办. 乾隆永北府志. 翻印本，1991

6. 永胜县地方志编纂委员会. 永北直隶厅志. 翻印本，云南大学

出版社，1999

7. 阿旺钦饶．木里政教史．四川民族出版社，1993

8. 编委会．丽江地区民族志．云南民族出版社，2001

9. 编委会．怒江傈僳族自治州民族志．云南民族出版社，1993

10. 编委会．兰坪白族普米族自治县志．云南民族出版社，2003

11. 编委会．宁蒗彝族自治县志．云南民族出版社，1993

12. 编委会．丽江纳西族自治县志．云南人民出版社，2001

13. 编委会．永胜县志．云南人民出版社，1989

14. 编委会．盐源县志．四川民族出版社，2000

15. 编委会．丽江地区民族志．云南民族出版社，2001

16. 熊贵华著．普米族志．云南民族出版社，2000

三、研究著作

1. 任乃强著．西康图经．新亚细亚学会，1935

2. 任乃强著．华阳国志校补图注．上海古籍出版社，1987

3. 任乃强著．娆族源流探索．重庆出版社，1984

4. 方国瑜著．彝族史稿．四川民族出版社，1984

5. 蒙默著．凉山地区古代民族资料汇编．四川民族出版社，1978

6. 费孝通．民族研究文集．民族出版社，1988

7. 陆绍尊编著．姆米语简志．民族出版社，1983

8. 严汝娴，宋兆麟著．永宁纳西族母系制．云南人民出版社，1983

9. 严汝娴，陈久金著．普米族．民族出版社，1986

10. 陈宗祥，邓文峰著．白狼歌研究（一）．四川人民出版社，1991

11. 龚荫著．中国土司制度．云南民族出版社，1992

12. 郭大烈，和志武著．纳西族史．四川民族出版社，1994

13. 杨学政著．藏族纳西族普米族的藏传佛教．云南人民出版社，1994

14. 杨照辉著．普米族文学简史．云南民族出版社，1996

15. 刘韵涵主编．普米族——宁蒗永宁洛水村．云南大学出版社，2001

16. 胡文明主编．普米研究文集．云南民族出版社，2002

17. 殷海涛著．普米族音乐概论．中国文联出版社，2003

18. 本书编写组编．普米族简史（修订本）．民族出版社，2009

19. 该书编写组．兰坪白族普米族自治县概况．民族出版社，2008

20. 该书编写组．宁蒗彝族自治县概况．民族出版社，2008

21. 该书编写组．玉龙纳西族自治县概况．民族出版社，2008

22. 该书编写组．维西傈僳族自治州概况．民族出版社，2008

23. 该书编写组．木里藏族自治县概况．民族出版社，2009

24. 陈宗祥，邓文峰著．白狼歌（研究一）（增订版）．四川人民出版社，2010

25. 曲扎品初，叶泳岐著．盐源县藏族

四、社会调查

1. 云南民族识别综合调查组编．云南民族识别综合调查报告（1960年）．云南民族学院民族研究所印，1979

2. 政协怒江傈僳族自治州委员会编．兰坪普米族社会历史调查专辑，怒江文史资料选辑·第12辑．1989

3. 国家民委民族问题五种丛书云南省编辑组编．基诺族普米族社会历史综合调查．民族出版社，2009

4. 王震亚编．普米族民间故事．云南人民出版社，1990

5. 熊胜祥主编．普米族歌歌谣集成．中国民间文艺出版社，1990

6. 熊胜祥主编．普米族故事集成．中国民间文艺出版社，1990

7. 兰坪白族普米族自治县文化局编．兰坪民间舞蹈．云南民族出版社，1994

8. 丛书编委会编．中国人口较少民族经济和社会发展调查报．民族出版社，2007

9. 胡文明，胡江梅，和一兰．普米族传统文化保护与发展．收入《人口较少民族文化保护与发展》．中央民族大学出版社，2005

10. 胡文明．普米韩规古籍调研报告．收入《首届中国少数民族古籍文献国际学术研讨会论文集》，2012

五、论文

1. 陈宗祥，邓文峰．（白狼歌）研究述评．西南师范大学学报，1979（4）

2. 孙宏开．六江流域的民族语言及其系属分类．民族学捌，1983（3）

3. 潘秉正．普米族民间音乐介绍．人民音乐，1984（6）

4. 严汝娴．普米族的刻划符号——兼谈对仰韶文化刻画符号的看法．考古，1982（3）

5. 段红云，冯丁丁．普米族族源研究．四川民族学院学报，2010（1）

6. 胡文明．韩规文古籍整理与研究综述．收入《中国少数民族文字古籍整理与研究》，辽宁民族出版社，2011

后记

《中国少数民族人口丛书·普米族》一书，比较全面系统地表述了普米族从古到今的方方面面，包括历史、社会形态、经济生活、文化科技、风俗伦理、自然生态等诸多领域，通过本书，相信读者对普米族会产生形象直观的感受，无论您与这个民族是素昧平生，或似曾相识，它的形象扑面而来，也许，还会终生与您结缘。

年轻时代，笔者走出大山，游学京城，每每提及出生的民族——普米族时，周围是一脸茫然，即便在中央民族学院陈列室里，各种民族服饰琳琅满目，唯独缺少普米族服饰，在民族大家庭合影时，笔者穿的是一套匪夷所思的古怪长衫，彼时感怀，可谓万千思绪无以言表。中国之大，国民之众，民族之多，袖珍版的普米族，不过沧海一粟，在其后的岁月里，民族成分总是伴随着孤独、遗憾和自卑。后来，随着阅历的积淀，逐渐领悟：每个人都有可能以不同的方式释放正能量，进而助推民族之间、个体之间的尊崇、通融、宽容。其中，书籍的纽带桥梁作用无疑是最为直观实用，倘若，本书能够增进人们对普米族的了解，乃笔者之幸，本书之幸。

需要说明的是，本书是由胡文明先生和本人共同完成的，胡教授草拟了提纲，撰写了部分重要章节，并对全书进行了修改，定稿。胡教授作为一位知名学者，是普米族研究领域的领军人物，其相关普米族学术论文，受到学术界的肯定，能与他合著本书，是本人的荣幸。

在编撰过程中，胡镜明、马红升、胡润林、何学明、曹新富、胡学军等普米族同胞和宁蒗县民委提供了相关信息资料，我们还参考和引用了国内出版的有关普米族研究的图书资料，为行文方便，引文没有在相关章节中一一注明，而是列入本书后面的参考文献中，在此特作说明，并谨向被引用论著的作者们致谢。

本书图片由胡镜明、熊建举、曹文山、姚金林等先生提供，胡秀兰、熊玉梅参与文字录入工作，中国人口出版社编辑何军、文雅给予了大力帮助和指导，其敬业精神堪称楷模，在此，向他们谨表深深谢意。

我们深知，由于成书时间仓促，水平有限，错误和疏漏之处在所难免，诚挚地希望广大读者不吝赐教。

熊德鼎

二〇一三年四月于云南丽江